企鹅兰登书屋
出版大事记

温哲仙 编译

Penguin Random House
Great Milestones

知识产权出版社
全国百佳图书出版单位
—北京—

图书在版编目（CIP）数据

企鹅兰登书屋出版大事记/温哲仙编译.—北京：知识产权出版社，2021.5
ISBN 978-7-5130-7509-1

Ⅰ.①企… Ⅱ.①温… Ⅲ.①出版发行-企业集团-大事记-美国
Ⅳ.①G239.712

中国版本图书馆 CIP 数据核字（2021）第 074539 号

内容提要

2013 年 7 月贝塔斯曼集团与培生集团合并各自旗下的图书出版公司——兰登书屋和企鹅出版集团在全球范围内的业务，企鹅兰登书屋成为全世界最大的图书出版公司。对于这家拥有悠久历史和卓越业绩的出版航母，我国出版界对其重要活动、重点图书尚缺乏系统的了解，本书讲述了兰登书屋、企鹅出版集团及二者合并后成立至今，近百年来创业、发展、复兴、维持、新生、再创辉煌发展历程中的标志性大事。希望通过本书的梳理和总结，对我国出版界和出版单位能有一定的借鉴意义。

责任编辑：张　珑　阴海燕　　　　责任印制：孙婷婷

企鹅兰登书屋出版大事记
QI'E LANDENGSHUWU CHUBAN DASHIJI

温哲仙　编译

出版发行：知识产权出版社有限责任公司	网　　址：http://www.ipph.cn
电　　话：010-82004826	http://www.laichushu.com
社　　址：北京市海淀区气象路 50 号院	邮　　编：100081
责编电话：010-82000860 转 8693	责编邮箱：laichushu@cnipr.com
发行电话：010-82000860 转 8101	发行传真：010-82000893
印　　刷：北京建宏印刷有限公司	经　　销：各大网上书店、新华书店及相关专业书店
开　　本：787mm×1092mm　1/32	印　　张：5.75
版　　次：2021 年 5 月第 1 版	印　　次：2021 年 5 月第 1 次印刷
字　　数：120 千字	定　　价：39.00 元

ISBN 978-7-5130-7509-1

出版权专有　侵权必究
如有印装质量问题，本社负责调换。

前　言

2020年11月25日，企鹅兰登书屋在母公司贝塔斯曼的支持下，从维亚康姆哥伦比亚广播公司（Viacom CBS）收购了西蒙与舒斯特出版社，继2013年"企鹅""兰登"合并后，企鹅兰登书屋再次成为大众瞩目的焦点。

2013年7月1日全球两大传媒巨擘——英国培生集团和德国贝塔斯曼集团正式签署最终协议，双方各自旗下的企鹅出版集团和兰登书屋的合并大业最终画上了一个圆满的句号。新成立的企鹅兰登书屋总部位于纽约市，最初仍由培生集团和贝塔斯曼集团担任股东，贝塔斯曼集团占股53%，培生集团占股47%。2020年，贝塔斯曼集团支付6.75亿美元，从培生集团收购了企鹅兰登书屋的其余股份，企鹅兰登书屋成为贝塔斯曼集团旗下独资企业。企鹅兰登书屋迄今拥有320多个独立出版品牌，在全球六大洲拥有1.2万名员工，每年出版约1.5万种新书。

这个新的出版业巨无霸垄断了全球约1/4的英文图书销售。2020年11月17日，美国前总统奥巴马（Barack Obama）回忆录的第一部分《应许之地》成功出版。2020年上半年，企鹅兰登销量最大的小说是迪莉娅·欧文斯（Delia Owens）的《蝲蛄吟唱的地方》，该书销量超过160万册。自2018年出版以来，该书仅在北美地区的总销量就超过了650万册。米歇尔·奥巴马（Michelle Obama）的回忆录《成为》也于2018年11月出版，迄今已售出1500万册。

对于这样一家在国际出版业享有王者地位的出版巨头，国内学界侧重对其经营管理、运营策略的介绍和研究，对其发展历史和出版成果也有相应的介绍，但较为简略，也缺乏系统，对其近百年的发家成长史、在出版行业创造的一个又一个奇迹，我们的读者尚缺乏全面而深入的了解，本书在企鹅兰登书屋官方网站介绍公司历史的资料基础上，对企鹅兰登书屋出版史上的里程碑事件进行了梳理，并参照相关的资料对重要品牌、知名人物以知识链接的形式加以详细的解读，希望有助于读者增进对企鹅兰登书屋的了解，为出版界和学界提供资料参考。本人尽力追求书中资料翔实准确，但因才学有限，难免挂一漏万，尚请专家和读者不吝指正。

温哲仙
2021年4月

目 录

十九世纪

1838 年 ………………………………… 002
1864 年 ………………………………… 004
1897 年 ………………………………… 006
1898 年 ………………………………… 008

二十世纪

二十年代

1921 年 ………………………………… 010
1925 年 ………………………………… 012
1926 年 ………………………………… 015
1927 年 ………………………………… 016
1928 年 ………………………………… 017

三十年代

1930 年 ………………………………… 018
1933 年 ………………………………… 020
1934 年 ………………………………… 022
1935 年 ………………………………… 024
1936 年 ………………………………… 026
1937 年 ………………………………… 028
1938 年 ………………………………… 030
1939 年 ………………………………… 032

四十年代

1940 年 ………………………………… 033

四十年代

1941 年 …………………………… 034
1942 年 …………………………… 036
1944 年 …………………………… 038
1945 年 …………………………… 039
1946 年 …………………………… 041
1947 年 …………………………… 042
1948 年 …………………………… 043
1949 年 …………………………… 045

五十年代

1950 年 …………………………… 046
1952 年 …………………………… 048
1953 年 …………………………… 050
1954 年 …………………………… 052
1955 年 …………………………… 054
1957 年 …………………………… 056
1958 年 …………………………… 058

六十年代

1960 年 …………………………… 059
1961 年 …………………………… 061
1962 年 …………………………… 064
1965 年 …………………………… 065
1967 年 …………………………… 067
1969 年 …………………………… 068

七十年代

1970 年 …………………………… 071
1971 年 …………………………… 073

七十年代

1972 年 ………………………… 076
1973 年 ………………………… 077
1974 年 ………………………… 080
1975 年 ………………………… 083
1976 年 ………………………… 085
1977 年 ………………………… 087
1978 年 ………………………… 089
1979 年 ………………………… 090

八十年代

1980 年 ………………………… 091
1981 年 ………………………… 093
1982 年 ………………………… 095
1983 年 ………………………… 097
1984 年 ………………………… 099
1985 年 ………………………… 101
1986 年 ………………………… 103
1987 年 ………………………… 105
1988 年 ………………………… 107
1989 年 ………………………… 109

九十年代

1991 年 ………………………… 110
1993 年 ………………………… 112
1994 年 ………………………… 114
1995 年 ………………………… 115
1996 年 ………………………… 117
1997 年 ………………………… 118

> 二十一世纪

1998 年 …………………………… 120
1999 年 …………………………… 122
2000 年 …………………………… 126
2001 年 …………………………… 129
2002 年 …………………………… 131
2003 年 …………………………… 134
2004 年 …………………………… 136
2005 年 …………………………… 137
2006 年 …………………………… 138
2007 年 …………………………… 140
2008 年 …………………………… 142
2009 年 …………………………… 146
2010 年 …………………………… 148
2011 年 …………………………… 150
2012 年 …………………………… 152
2013 年 …………………………… 156
2014 年 …………………………… 158
2015 年 …………………………… 159
2016 年 …………………………… 161
2017 年 …………………………… 162
2018 年 …………………………… 165
2019 年 …………………………… 168
2020 年 …………………………… 171
参考文献 …………………………… 175

十九世纪

NINETEENTH CENTURY

19

1838年

普特南出版公司标识　　乔治·帕尔默·普特南　　赫尔曼·梅尔维尔

埃德加·爱伦·坡　　查尔斯·狄更斯　　纳撒尼尔·霍桑

普特南之子出版公司（G. P. Putnam's Sons）由乔治·帕尔默·普特南（George Palmer Putnam）创立，早期的作者包括赫尔曼·梅尔维尔（Herman Melville）、埃德加·爱伦·坡

(Edgar Allan Poe)、查尔斯·狄更斯（Charles Dickens）和纳撒尼尔·霍桑（Nathaniel Hawthorne）。

知识链接：

普特南之子出版公司也称"普特南出版公司"于1838年创立，是最早的童书出版商之一，1996年被企鹅出版公司兼并。

1864年

达顿出版公司标识

爱德华·佩森·达顿

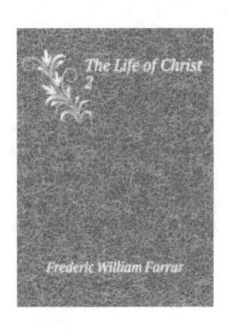

《基督的一生》封面

弗雷德里克·法拉尔

达顿（Dutton）出版公司由爱德华·佩森·达顿（Edward Payson Dutton）创立。最初定位是出版神学宗教方面的图书，该公司的第一本畅销书是两卷本的《基督的一生》（*The Life of*

Christ），1874年出版，作者弗雷德里克·法拉尔（Frederic W. Farrar）。1885年约翰·马克雷（John Macrae）担任该公司领导人后，逐渐开始出版名人作品。

知识链接：

1852年，爱德华·佩森·达顿和莱缪尔·艾德（Lemuel Ide）在波士顿开了家艾德和达顿（Ide & Dutton）书店，销售教学用书和地图。到1855年，他们的生意扩展到印刷业，并转而以出版宗教类书籍为主。1858年，达顿收购了艾德的股份，成立了E.P.达顿（E.P. Dutton）公司。1864年，公司吸收查尔斯·克拉普（Charles Clapp）为合伙人。1868年，他们在纽约百老汇开设分店，次年关闭波士顿书店，将整个公司迁至纽约，又先后于1882年和1911年两次迁址。1975年公司被荷兰出版商爱尔斯维尔收购。达顿出版公司于1986年加入企鹅出版集团（Penguin Publishing Group），并于2015年成为企鹅兰登书屋（Penguin Random House）的品牌。

1897年

道布尔戴出版社标识　弗兰克·纳尔逊·道布尔戴　塞缪尔·麦克卢尔

道布尔戴（Doubleday）出版社成立。弗兰克·纳尔逊·道布尔戴（Frank Nelson Doubleday）与杂志出版商塞缪尔·麦克卢尔（Samuel McClure）合作创建了道布尔戴·麦克卢尔公司（Doubleday & McClure Company）。

知识链接：

弗兰克·纳尔逊·道布尔戴（1862—1934），朋友和家人称他"埃芬迪"（拼写成他名字的首字母"F.N.D."）。创建了道布尔戴·麦克卢尔公司，道布尔戴出版社主要出版文化含量很高的高端大众小说。

塞缪尔·麦克卢尔（1857—1949），爱尔兰裔美国出版人，以调查或揭露丑闻的关键人物而闻名。1893—1911年，他与约翰·菲利普斯（1861—1949）共同创立"麦克卢尔杂志"，该杂志揭露了商业和政治中的大量不当行为，杂志的知名作者有艾达·塔贝尔（Ida Tarbel）、雷·斯坦纳德·贝克（Ray Stannard Baker）和林肯·斯特芬斯（Lincoln Steffens）。杂志还刊登了当时主要作家的小说和非小说作品，包括莎拉·奥恩·朱维特（Sarah Orne Jewett），马克·吐温（Mark Twain）和威廉·迪恩（William Dean）。

1898年

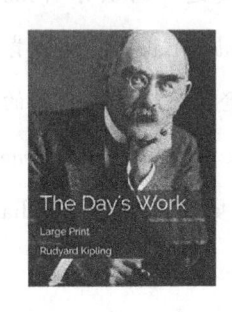

约瑟夫·拉迪亚德·吉卜林　《一天的工作》封面

道布尔戴出版社的第一本畅销书是约瑟夫·拉迪亚德·吉卜林（Joseph Rudyard Kipling）的《一天的工作》（*The Day's Work*）。

知识链接：

约瑟夫·拉迪亚德·吉卜林（1865—1936），英国作家、诗人。1865年12月31日，出生于印度孟买。1883年，出版处女作诗集《学生抒情诗》。1896年，出版小说《丛林之书》及《丛林之书续集》。1900年，创作长篇小说《基姆》。1907年，出版小说《老虎！老虎！》；同年，获得诺贝尔文学奖。1926年，获得英国皇家文学会的金质奖章。1936年1月18日，因脑溢血在伦敦逝世。

二十世纪

TWENTIETH CENTURY

二十世纪二十年代

1921年

戴尔出版公司标识　　乔治·T. 德拉科特

戴尔出版公司（Dell Publishing）由乔治·T. 德拉科特（George T. Delacorte Jr.）创立，拥有1万美元的资金、两名员工、一本杂志《我忏悔》（*I Confess*）。

知识链接：

乔治·T. 德拉科特（1894—1991），美国杂志出版人，出生于纽约市。1921年，他创立了戴尔出版公司，出版成人小说和非小说读物，包括图书和杂志。在鼎盛时期，该公司是最大的图书、杂志和漫画出版商之一。他最成功的创新是益智杂志。

从1943年开始，戴尔以"戴尔平装书"（Dell Paperbacks）的品牌出版平装书。1999年，兰登书屋将矮脚鸡图书公司和戴尔出版公司合并，组建矮脚鸡-戴尔出版集团（Bantam Dell Publishing Group）。矮脚鸡-戴尔出版集团旗下的出版机构有：

Bantam Classics：出版经典读物。

Bantam Discovery：主要出版现代题材的小说。其特色是每一种书都以两种不同的平装书形式出版，即trade paperback和mass market paperback。前者是高品质平装书，比后者开本大，用纸好。

Bantam Spectra：主要出版以科幻、幻想、恐怖、探险为题材的小说。

The Dial Press：以出版获奖小说和非小说作品为主。

1925年

维京出版社标识　　哈罗德·金茨堡 　　罗克韦尔·肯特

利弗赖特公司标识　"现代文库"标识　"现代文库"新标识

　　维京出版社（Viking Press）由哈罗德·金茨堡（Harold K. Guinzburg）和乔治·奥本海默（George S. Oppenheimer）创办。出版社的名称及其标识，是由罗克韦尔·肯特（Rockwell

Kent)绘制的维京船,选择这个作为标识,象征着出版业的进取心,冒险和探索精神。

27岁的贝内特·瑟夫(Bennett Cerf)和唐纳德·克洛普弗(Donald S. Klopfer),从纽约出版商博埃·利弗赖特(Boni & Liveright)那里以20万美元的价格购买了109卷经典文学"现代文库"丛书的重印版权。此后不久,瑟夫和克洛普弗用一名跳跃的火炬手形象代替了原来公司的标识。

知识链接:

哈罗德·金茨堡(1899—1961),美国出版商。出生于纽约,曾在布里奇波特和波士顿担任记者,在西蒙·舒斯特出版社(Simon & Schuster)负责发现新作者。

乔治·奥本海默(1900—1977),美国编剧、剧作家和记者。1933年,他开始在好莱坞担任编剧,完成喜剧《罗马丑闻》(1933)的剧本。

1925年,哈罗德·金茨堡和朋友乔治·奥本海默创立了维京出版社,主要出版精装书。创立当年,维京就收购了已有23年历史的老牌出版社休博什(B. W. Huebsch)出版社。1975年,企鹅出版公司买下维京出版社,创立维京企鹅图书公司(Viking Penguin)。借助维京强大的作者队伍,企鹅迈出在美国市场的第一步。维京出版社每年约出版100种题材广泛的图书,既有畅销的大众小说,也有文学类小说和非小说读物。

1933年成立的维京少儿图书（Viking Children's Books）主要出版儿童经典读物。现在每年出版图书约60种。

博埃·利弗赖特，美国图书贸易出版商，1917年由埃尔伯特·博埃（Albert Boni）和霍拉斯·利弗赖特（Horace Liveright）在纽约市成立。1928年更名为霍拉斯·利弗赖特公司（Horace Liveright, Inc.），1931年更名为利弗赖特公司（Liveright, Inc.）。利弗赖特共出版一千余本图书。1933年公司破产。

贝内特·瑟夫（1898—1971），20世纪美国杰出出版家，兰登书屋创办人之一。经过瑟夫40余年的奋斗，兰登书屋成为美国乃至世界上最负盛名的出版社之一。

1926年

1926年，作家米尔恩和他的儿子罗宾

谢帕德

达顿出版社在美国出版了《小熊维尼》（*Winnie-the-Pooh*）。

知识链接：

《小熊维尼》是英国作家米尔恩（A. A. Milne）在1926年推出的系列小说，书中的漫画熊由著名插画家谢帕德（E. H. Shepard）所绘。二人因曾同在杂志《笨拙》（*Punch*）工作而结识，伴随着这段伟大友谊的，还有风行全球的小熊故事。

小熊维尼的卡通形象

1927年

兰登书屋标识　　　　　贝内特·瑟夫

贝内特·瑟夫和唐纳德·克洛普弗决定拓展出版范围和规模，开始使用兰登书屋（Random House）这一出版社标识。

知识链接：

兰登书屋是德国媒体贝塔斯曼集团旗下的一家出版社，总部设在美国纽约市。书屋于1927年成立，创始人是贝内特·瑟夫和唐纳德·克洛普弗，1998年被贝塔斯曼集团收购。2012年10月29日，贝塔斯曼集团与英国的培生集团达成一纸协议，兰登书屋与培生集团旗下的企鹅出版集团合并，共同组成新的合资企业——企鹅兰登书屋。

1928年

《老实人》封面　　　　伏尔泰

兰登书屋的初次登场令人印象深刻，他们出版了精装版的伏尔泰（Voltaire）作品《老实人》（*Candide*）。

二十世纪三十年代

1930年

莫里斯·恩斯特

　　随着股票市场的破产,豪华版图书出版受阻,兰登书屋转向出版成本更为低廉的综合类一般图书,贝内特·瑟夫开始签约有影响力的文人作为兰登书屋的作者。同时贝内特·瑟夫还飞往海外,以确保在美国有权出版詹姆斯·乔伊斯(James Joyce)的《尤利西斯》(Ulysses)。当他返回时,未删节版的《尤利西斯》在他的设计,被海关认为是"淫秽"书籍,贝内特·瑟夫和律师莫里斯·恩斯特（Morris Ernst）上告到法院，最后胜诉并使《尤利西斯》获得国际赞誉。

知识链接：

莫里斯·恩斯特（1888—1976），毕业于马萨诸塞州威廉姆斯学院法学专业，纽约律师事务所合伙人，1917年美国公民自由联盟（ACLU）的联合创始人，1955年起担任联盟副主席。

1933年

詹姆斯·乔伊斯

12月6日,法官约翰·伍尔西(John Woolsey)做出具有历史性意义的判决,维护贝内特·瑟夫的权利,让他不仅拥有《尤利西斯》的版权,还可以在美国出版未删节版的《尤利西斯》。瑟夫关于言论自由的辩护词让兰登书屋成为美国家喻户晓的名字。

知识链接:

詹姆斯·乔伊斯(1882—1941),爱尔兰作家、诗人,20世纪最伟大的作家之一,后现代文学的奠基者之一,其作品及"意识流"思想对世界文坛影响巨大。1920年起定居巴黎。其一生颠沛流离,辗转于欧洲各地,靠教授英语和写作糊口,晚年饱受眼疾之痛，几近失明。其作品结构复杂，用语奇特，极富独创性。主要作品有短篇小说集《都柏林人》（1914）、自传体小说《青年艺术家的自画像》（1916）、代表作长篇小说《尤利西斯》（1922）、后期作品长篇小说《芬尼根的守灵夜》（1939）等。

1934年

《尤利西斯》

兰登书屋出版《尤利西斯》。

知识链接：

《尤利西斯》是爱尔兰作家詹姆斯·乔伊斯创作的长篇小说，于1922年首次出版。书中涉及哲学、历史、政治、心理学等，触及都柏林生活的各个侧面，但其故事情节却十分简单，总共只描写了1904年6月16日早晨8点到次日凌晨两点这18个小时之内，三个人物在都柏林的活动。斯蒂芬在母亲去世后一直沉浸在悲哀和懊悔之中，他因没有听从母亲的临终遗言而抱恨终生，又因在精神上与宗教、家庭和国家决裂而感到无所依托。布鲁姆是犹太裔爱尔兰人,他以给报纸承揽广告业务为生。最后一个人物是布鲁姆的妻子莫莉。乔伊斯通过对这三个人意识流的剖析,向读者展现了他们的全部精神生活和个人经历,力图反映整整一个时代所面临的问题和危机。《尤利西斯》全书出版后,以其新奇手法和大胆直露的风格引起很大的争议,在英美等国遭到禁毁。1932年,由兰登书屋出面聘请当时出版诉讼方面的权威莫里斯·恩斯特为律师,再次为《尤利西斯》辩护。同年10月,法院裁定《尤利西斯》一书中某些章节"虽不堪入目,但旨在披露人性,并无刻意于色情之嫌"。由此正式允许该书在美国发行。乔伊斯的祖国爱尔兰,如今将每年的6月16日定为"布鲁姆日",并在当天举行各种纪念活动。

1935年

企鹅出版公司标识的演变

第一批企鹅平装书

艾伦·雷恩（Allen Lane）创建企鹅出版公司，革命性地决定出版企鹅简装版图书。他希望用高贵又活泼的形象来象征新型的图书出版业务。秘书建议他使用企鹅的形象，于是一位员工被派往伦敦动物园写生企鹅素描。企鹅标识至今仍然是该公司品牌战略的核心。

艾伦·雷恩致力于出版高质量的当代小说，认为小说的价格应该具有吸引力，销售不应局限于传统书店，火车站和烟草商店也应该是销售的网点。

第一批企鹅平装书的问世，引发了平装书革命。这些书有彩色的封面，封面上都有一只企鹅，售价相当于当时一包香烟的价格。

知识链接：

企鹅平装书只售6便士，在短短12个月内平装本销量达到了300万英镑，但是这种做法也遭到了其他出版商的联合抵制。艾伦·雷恩并不是平装书的发明者，但他却第一个看到了平装书的无限潜力——大众的阅读市场。

1936年

伊萨克·迪内森　　《大象巴巴》封面　　让·德·布吕诺夫

兰登书屋收购罗宾逊·史密斯和罗伯特·哈斯有限公司（Robinson Smith & Robert Haas, Inc.），得以签约一批著名作家：伊萨克·迪内森（Isak Dinesen）、威廉·福克纳（William Faulkner）、埃德加·斯诺（Edgar Snow）和让·德·布吕诺夫（Jean de Brunhoff），借助于布吕诺夫的《大象巴巴》（*Babar*）系列，扩展了公司的市场，进入童书出版领域。

企鹅出版公司选定办公处所，位于马里波恩路的圣三一教堂地下室，以独立企业的形式在股票市场上登记。初始本金只有100英镑。企鹅平装书的出现给当时主要出版精装的书籍市场带来了很大的冲击。平装书的革命不仅使"企鹅"大获成功,还引得许多原来只出精装本的出版社也纷纷建立了自己的平装本印刷厂,更有众多全新的出版社从此诞生。

知识链接:

伊萨克·迪内森(1885—1962),丹麦著名女作家,原名卡琳·布利克森(Karin Blixen),主要代表作为长篇小说《走出非洲》(1937),叙述了她在肯尼亚悲欢离合的生活,缠绵悱恻,扣人心弦。作者用优美的文字写出了对非洲风土人情的熟悉和眷恋,处处洋溢着散文美。1986年《走出非洲》被搬上银幕,并获得奥斯卡金像奖7项殊荣。

让·德·布吕诺夫(1899—1937),法国画家,儿童文学家,被誉为"巴巴之父"。执笔撰写并参与绘制大象巴巴系列作品,开创了现代图画故事集的先河。在他去世后,儿子罗伦特继承了父亲的事业,继续整理和出版大象巴巴系列。这套书用简洁流畅的表达、生动的语言、一波三折的故事带孩子们走进一个乐观、友爱、温情、快乐、神奇的动物世界。其简单的文字蕴含了丰富的人生道理,可以培养孩子积极乐观的态度,懂得友爱、亲情的珍贵,学会感恩,可以说是影响孩子一生的智慧书。

1937年

莎士比亚系列丛书标识　　"鹈鹕"丛书标识

企鹅出版公司的办公室和库房搬入新址哈蒙兹沃思（Harmondsworth，英国地名），企鹅出版公司开始扩展业务。

企鹅出版公司推出莎士比亚系列丛书（Shakespeare series）。

企鹅出版公司推出"鹈鹕"（Pelican）丛书，这套丛书是针对当代问题的非小说类图书的起源。

道布尔戴加拿大出版有限公司（Doubleday Canada Limited publishing company）成立。出版的第一本书是由托马斯·科斯塔恩（Thomas B. Costain）创作的《白人和黄金》（*The White* and the Gold），它也是加拿大历史小说丛书的第一部。

知识链接：

1937年，在国王十字车站，企鹅出版公司创始人艾伦·雷恩听到一位女士想买一本"企鹅"，但却说成了"鹈鹕"，企鹅的兄弟"鹈鹕"在此起飞，在非小说类图书领域开疆拓土。1937年成立的"鹈鹕"以"知识""非小说"作为特立独行的标签，成为"没有围墙的大学"。1937年，第一本"鹈鹕"出版，是萧伯纳（George Bernard Shaw）的《智慧女性指南：从社会主义、资本主义、苏维埃主义到法西斯主义》（*The Intelligent Woman's Guide to Socialism, Capitalism, Sovietism and Fascism*）。萧伯纳和艾伦·雷恩私交甚好，为支持"鹈鹕"的创办，萧伯纳还在原书中专门增加了"苏联主义"和"法西斯主义"两个章节。在当时，"鹈鹕"的影响力几乎都不能仅用发行量来衡量，它更大的作用则在于"启民智"。

1938年

桑顿·怀尔德的剧本《我们的小镇》演出海报

普特南之子出版公司出版桑顿·怀尔德（Thornton Wilder）的剧本《我们的小镇》（*Our Town*），获得普利策戏剧奖（Pulitzer Prize for Drama）。

知识链接：

桑顿·怀尔德（1897—1975），出生在威斯康星州，美国小说家、剧作家。美国老派的乐观主义者和提供娱乐而毫不说教的作家。父亲曾任驻华领事，他本人在中国长大。他喜用东方和古典戏剧的传统手法以及欧洲神秘剧的技巧。怀尔德是唯一一位以文学作品和戏剧作品双双获得普利策奖的作家。获奖的文学作品是 1927 年的《圣路易斯雷的桥》（*The Bridge of San Luis Rey*），戏剧作品是 1938 年的《我们的小镇》、1943 年的《牙釉质》（又称《九死一生》，*The Skin of Our Teeth*）。

普利策奖于 1917 年根据美国报业巨头约瑟夫·普利策的遗愿设立，由设在哥伦比亚大学的普利策奖评委会每年评选一次，分为新闻奖和艺术奖两类。评选结果一般在每年的 4 月宣布，5 月颁奖。

1939年

《愤怒的葡萄》　　约翰·斯坦贝克

企鹅出版公司在纽约开办书店。

维京出版社出版约翰·斯坦贝克（John Steinbeck）的《愤怒的葡萄》（*The Grapes of Wrath*），这部作品是维京出版社首次获得普利策文学奖的小说。

知识链接：

约翰·斯坦贝克（1902—1968），美国作家，1962年获得诺贝尔文学奖。代表作品有《人鼠之间》（1937）、《愤怒的葡萄》（1939）、《月亮下去了》（1942）、《伊甸之东》（1952）、《烦恼的冬天》（1961）等。

二十世纪四十年代

1940年

《拍拍小兔子》封面

于2001年成为兰登书屋旗下品牌的"宝典"(Golden Books)丛书,出版了桃乐茜·昆哈特(Dorothy Kunhardt)的《拍拍小兔子》(*Pat the Bunny*),100多年来这本书一直深受小朋友们欢迎。

知识链接:

桃乐茜·昆哈特(1901—1979),美国儿童作家,以童书《拍拍小兔子》而闻名。她还撰写过美国总统亚伯拉罕·林肯(Abraham Lincoln)的生平传记。

1941年

海雀丛书标识

《华泽尔·古米治》电影海报

芭芭拉·尤芬·托德

企鹅出版公司美国分部（the U.S. Penguin company）首次在美国而不是英国发行图书，以支持战争。

海雀（Puffin）丛书出版，是非小说类儿童图画书系列的品牌。他们获得如此巨大的成功，在于他们出版的首批图书中，有芭芭拉·尤芬·托德（Barbara Euphan Todd）的《华泽尔·古米治》(*Worzel Gummidge*)。

知识链接：

华泽尔·古米治是英国儿童故事人物，一个会走路会说话的稻草人，最初出现在英国儿童作家芭芭拉·尤芬·托德创作的系列图书里。

芭芭拉·尤芬·托德（1890—1976），英国儿童作家，出身于乡村牧师家庭，在约克郡长大。20世纪20年代开始儿童文学的创作，作品主要发表在《笨拙》和《旁观者》等杂志。第一部华泽尔·古米治于1936年问世，随后又有9部同系列作品出版，这10部关于稻草人华泽尔·古米治的作品，为作者带来巨大的声誉，并被改编成广播剧和电视剧。

1942年

沃尔特·惠特曼　　　《草叶集》封面

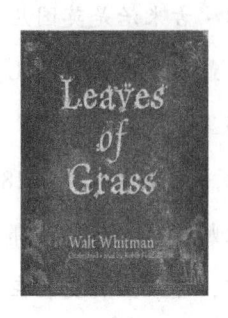

戴尔出版社出版平装书，当时大众平装书在美国市场尚属新生事物。

企鹅出版公司首版沃尔特·惠特曼（Walt Whitman）的《草叶集》（*Leaves of Grass*），在美国出版，封面由拉斐洛·布索尼（Rafaello Busoni）设计。

知识链接：

沃尔特·惠特曼（1819—1892），美国诗人，散文家。出生于纽约州长岛，创造了诗歌的自由体（Free Verse），诗歌代表作《草叶集》（1855），表现出强烈的个性，洋溢着奔放的激情。

拉斐洛·布索尼（1900—1962），美国画家，插画家，出生于柏林，为多部文学名作绘制插画。

1944年

兰登书屋寻求美国国内和国际业务的拓展,建立加拿大兰登书屋和大学书刊部。

1945年

矮脚鸡图书公司标识

皮特金夫妇

巴兰坦夫妇

矮脚鸡图书公司（Bantam Books）成立，主营纸皮平装书重印业务，由沃尔特·皮特金（Walter B. Pitkin Jr.）、西德尼·克莱默（Sidney B. Kramer），伊恩（Ian Ballantine）和贝蒂·巴兰坦（Betty Ballantine）创建。

知识链接：

沃尔特·鲍顿·皮特金（1913—2007），美国出版商，作家和文学经纪人。曾任矮脚鸡图书公司的总编辑兼执行副总裁。

伊恩·基思·巴兰坦（1916—1995），一位具有开拓精神的美国出版商，与妻子贝蒂·巴兰坦于1952—1974年创立并出版了巴兰坦图书平装本系列。2008年巴兰坦夫妇均被科幻名人堂提名，并共同获得嘉奖。

贝蒂·巴兰坦（1919—2019），美国出版商，编辑和作家。出身于英国殖民家庭，1939年与伊恩·巴兰坦结婚后，移居纽约，创建了矮脚鸡图书公司，并于1952年成立巴兰坦图书公司。

1945年，美国纸皮书的先驱者巴兰坦夫妇购买来精装本图书的版权后，用廉价的平装本出版，取得了成功。出版社以"矮脚鸡"作为社标，命名为"矮脚鸡图书公司"。从20世纪60年代起，矮脚鸡图书公司开始出版小说与非小说类通俗读物，并自己组稿出版精装本商业书和专业纸皮书，到20世纪70年代已发展成为与英国企鹅图书公司（Penguin Books Inc.）齐名的美国大型纸皮书出版公司，它同时也出版一些精选的精装书。

1946年

《奥德赛》　　　企鹅经典丛书标识

企鹅经典丛书的推出，始于埃米尔·维克多·里欧（Emile Victor Rieu）翻译荷马（Homer）的《奥德赛》（*The Odyssey*），旨在人人都可以阅读经典。

企鹅出版公司澳大利亚分部（Penguin Australia）成立。

知识链接：

埃米尔·维克多·里欧（1887—1972），英国古典文学专家，出版商，诗人和翻译。1946年，他创立了企鹅经典丛书，并从事了20年丛书的编辑工作。

1947年

《美国大学词典》 　　安德烈·纪德

经过多年的研究和开发，兰登书屋凭借《美国大学词典》（American College Dictionary）的巨大成功，进入教辅出版领域。

安德烈·纪德（André Gide）获得诺贝尔文学奖。

知识链接：

安德烈·纪德（1869—1951），法国作家，1947年获诺贝尔文学奖。主要作品有《梵蒂冈的地窖》《田园交响曲》《人间食粮》《窄门》《背德者》《伊萨贝尔》等。

1948年

新美国文库出版社标识　艾略特 　维克多·韦布赖特

戴维·劳伦斯 　威廉·福克纳 　约翰·斯坦贝克

新美国文库出版社（New American Library，NAL）由库尔特·伊诺克（Kurt Enoch）和维克多·韦布赖特（Victor Weybright）创立，从此开启了平价的平装书版本，其中有戴维·赫伯特·劳伦斯（D. H. Lawrence）的《查泰莱夫人的情人》（*Lady Chatterley's Lover*）（1928），威廉·福克纳的《圣殿》

(*Sanctuary*)（1931）和约翰·斯坦贝克的《煎饼坪》（*Tortilla Flat*）（1935）。

艾略特（T. S. Eliot）获得诺贝尔文学奖。代表作品《荒原》1922年由博埃·利弗赖特出版社出版。

知识链接：

库尔特·伊诺克（1895—1982），德裔美籍出版商，与人共同创立德国的信天翁图书公司（Albatross Books）和企鹅图书公司以及美国的新美国文库出版社，出版高品质的平装本小说和非小说类作品。

维克多·韦布赖特（1903—1978），美国作家和出版商。新美国文库出版社创始人之一。他与吉卜赛人一起旅行，并创立吉卜赛传说学会北美分会。

新美国文库出版社，是一家总部设在纽约的美国出版商，成立于1948年。最初重点是平价的经典和学术作品的平装本再版以及流行小说，但现在出版贸易和精装书。目前是企鹅兰登书屋旗下的品牌；2015年宣布只出版非小说类书籍。

托马斯·艾略特（1888—1965）（通称T.S.艾略特），英国诗人、剧作家和文学批评家，诗歌现代派运动领袖。出生于美国密苏里州的圣路易斯。代表作品有《荒原》《四个四重奏》等。

1949年

阿瑟·米勒　　《推销员之死》封面

维京出版社阿瑟·米勒（Arthur Mille）的《推销员之死》（*Death of a Salesman*），这本书获得普利策戏剧奖。

知识链接：

阿瑟·米勒（1915—2005），美国剧作家。主要作品有戏剧《推销员之死》（1949）、《萨勒姆的女巫》（1953）等。

# 二十世纪五十年代

1950年

《本·富兰克林传》封面 　　赛珍珠

佛瑞斯特 　　约翰·冈瑟

兰登书屋为少儿推出讲述美国传奇人物生平的《地标图书》（Landmark Books）丛书。这套丛书的作者有赛珍珠（Pearl S. Buck）、佛瑞斯特（C. S. Forester）和约翰·冈瑟（John Gunther），1953年这个系列规模扩大到涵盖历史性的世界大事和领袖人物。

知识链接：

赛珍珠（1892—1973），直译为"珀尔·赛登斯特里克·巴克"，美国旅华作家，曾凭借其小说《大地》（The Good Earth），于1932年获得普利策小说奖，后在1938年获得诺贝尔文学奖，也是第一位获得普利策奖和诺贝尔奖的女作家，以及作品流传语种最多的美国作家。

佛瑞斯特（1899—1966），本名塞西尔·路易斯·特劳顿·史密斯（Cecil Louis Troughton Smith），以笔名塞西尔·斯科特（Cecil Scott）"C. S."著称，是以写海战故事而著称的英国小说家。

约翰·冈瑟（1901—1970），美国记者，作家。以创作系列社会政治题材著作而深受读者欢迎，这些著作被称为"内部"读物（1936—1972），其中包括1947年最畅销的《美国内幕》。

1952年

安妮·弗兰克　　　《安妮日记》

英国企鹅图书的美国配送中心现由企鹅图书有限公司掌控，美国分部位于马里兰州的巴尔的摩。

道布尔戴出版社出版安妮·弗兰克（Anne Frank）的《安妮日记》（The Diary of a Young Girl）。

知识链接：

安妮·弗兰克（1929—1945），生于德国法兰克福的犹太女孩，第二次世界大战犹太人大屠杀受害者。1999年入选《时代杂志》"20世纪全世界最具影响力的100个人"，一颗编号为5535的小行星以她命名为"5535Annefrank"。

《安妮日记》是安妮·弗兰克遇难前两年的生活与情感寄托。日记中记载了犹太人在集中营里的苦难生活，以及安妮的坚强与乐观。第二次世界大战结束之后，《安妮日记》得以出版问世。保存于安妮之家博物馆的日记手稿，时刻提醒着人们，要记住那段人类的悲惨史。

1953年

王牌图书公司标识　　　　亚伦·温

王牌图书公司（Ace Books），是美国最古老的从事科幻小说出版的出版公司，多年来从未间断业务，由亚伦·温（A. A. Wyn）建立。

知识链接：

亚伦·温（1898—1967），俄裔美籍出版商，原名亚伦·温斯坦（Aaron Weinstein），1916年更名为亚伦·温，入读纽约城市学院，1919年开始在印刷厂从事校对工作，1930年之前，与沃伦·安吉尔（Warren A. Angel）合作，在哈罗德·赫尔西（Harold Hersey）创办的廉价通俗杂志《杂志出版商》做编辑。1929年夏天,赫尔西离开公司,哈罗德·S.戈德史密斯（Harold S. Goldsmith）短暂接手之后,温接管公司。赫尔西的十字记号徽标被替换为纸牌王牌的符号。1945年温开始涉足图书出版行业。1952年,他创立了王牌图书公司,专门从事平装书的出版。

王牌图书公司由亚伦·温1952年在纽约成立,主要从事科幻小说的出版。王牌图书公司最初出版侦探悬疑和描写美国西部的小说,但随后开发了其他类型的作品,1953年出版首部科幻小说,并获得巨大成功,现为企鹅兰登书屋旗下品牌。

1954年

索尔·贝娄 　　　《奥吉·马奇历险记》封面

威廉·戈尔丁 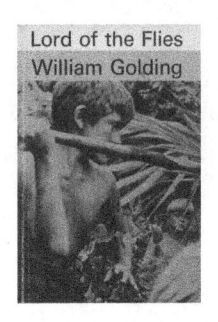　　《蝇王》封面

索尔·贝娄（Saul Bellow）的小说《奥吉·马奇历险记》（*The Adventures of Augie March*）获得美国国家图书奖（American National Book Award）。

普特南之子出版公司出版威廉·戈尔丁（William Golding）的《蝇王》(*Lord of the Flies*)。

知识链接：

索尔·贝娄（1915—2005），美国作家，1976年度诺贝尔文学奖得主。被公认为是继福克纳和海明威之后美国文坛最重要的小说家之一，他的作品包含了丰富的社会内容和深邃的哲理思辨，是一位具有现实主义倾向的现代派作家。他曾经三次获得美国国家图书奖，一次获得普利策奖。其成名作《奥吉·玛琪历险记》是当代美国文学中描写自我意识与个人自由的经典之作。《抓紧时光》《雨王汉德逊》及散文集《集腋成裘》等作品，揭示了中产阶级知识分子苦闷的精神状况，从侧面反映出美国当代物质发达社会的精神荒芜。

威廉·戈尔丁（1911—1993），英国小说家，1983年度诺贝尔文学奖得主。主要作品有长篇小说《蝇王》（1954）、《继承人》（1955）、《塔尖》（1964）等。

美国国家图书奖是由美国出版商协会、美国书商协会和图书制造商协会于1950年3月16日联合设立的，只颁给美国公民，是美国文学界最高荣誉之一，由美国国家图书基金会主办，每年举办一次，主要目的在于扩大美国文学影响力，加强美国文学作品的文化价值。设立有最佳小说奖、最佳儿童文学奖等奖项。美国国家图书奖与普利策小说奖被视为美国最重要的两个文学奖项，它是美国文学界最重要的奖项，每年的颁奖典礼也是出版界的盛典。

1955年

伯克利图书公司标识

伯克利图书公司（Berkley Books）由一群独立投资者创办。

知识链接：

伯克利图书公司于1955年成立，是一家独立公司。由曾在雅芳工作的查尔斯·伯恩（Charles Byrne）和弗雷德里克·克莱因（Frederick Klein）创立，称为"时尚新闻公司"。他们很快将其更名为伯克利出版公司（Berkley Publishing Co.）。新的名称是谐音，意在呼应他们的姓氏，与哲学家或加利福尼亚州的城市（都拼写为Berkley）无关。随后的几年中，伯克利在其总编辑托马斯·达迪斯（Thomas Dardis）的领导下，发展了多种多样的流行小说和非小说系列，包括重印本和大众市场平装书，其中科幻小说的历史特别悠久［罗伯特·A. 海因莱因（Robert A. Heinlein）以及弗兰克·赫伯特（Frank Herbert）的《沙丘》（*Dune novels*）］。该公司于 1965 年由普特南之子出版公司收购，企鹅出版公司于 1996 年收购了普特南之子出版公司，2013 年与兰登书屋合并，如今，伯克利图书公司已成为企鹅兰登书屋企鹅成人集团的成员。

1957年

杰克·凯鲁亚克 　　《在路上》封面

苏斯博士 　　《帽子里的猫》封面

维京出版社出版杰克·凯鲁亚克（Jack Kerouac）的《在路上》（*On the Road*）。

兰登书屋儿童部出版苏斯博士（Dr. Seuss）的《帽子里的猫》(*The Cat in the Hat*)。

知识链接：

杰克·凯鲁亚克（1922—1969），美国作家，美国"垮掉的一代"的代表人物。主要作品有自传体小说《在路上》《达摩流浪者》《荒凉天使》《孤独旅者》等。

苏斯博士（1904—1991），美国儿童文学家、教育学家。一生创作的48种精彩教育绘本成为西方家喻户晓的著名早期教育作品，全球销量2.5亿册。曾获美国图画书最高荣誉凯迪克大奖和普利策特殊贡献奖，两次获奥斯卡金像奖和艾美奖，美国教育部指定的儿童重要阅读辅导读物。

1958年

弗拉基米尔·纳博科夫　　《洛丽塔》封面

普特南之子出版公司出版弗拉基米尔·纳博科夫（Vladimir Nabokov）的《洛丽塔》（*Lolita*），引发极大的争议。虽然该书在美国局部地区被禁，但仍成为一本畅销书。

知识链接：

弗拉基米尔·纳博科夫（1899—1977），俄裔美籍作家，1899年出生于俄罗斯圣彼得堡。1955年所写的《洛丽塔》，是在20世纪受到关注并且获得极大荣誉的一部小说。作者于1962年发表英文小说《微暗的火》。这些作品展现了纳博科夫对于语言修辞以及细节描写的钟爱。

二十世纪六十年代

1960年

克诺夫出版公司标识

根据英国1959年的《淫秽出版物法》(Obscene Publications Act)，企鹅出版公司因出版《查泰莱夫人的情人》而受到指控。法庭判处该书"无罪"后，企鹅出版公司在6周内销售出200万本。

兰登书屋以300万美元收购美国著名的阿尔弗雷德·克诺夫公司（Alfred A. Knopf, Inc.）。

企鹅图书在美国图书年销售量近200万册。

知识链接：

阿尔弗雷德·克诺夫出版公司，是阿尔弗雷德·A.克诺夫和布朗什·克诺夫于1915年在美国纽约成立的。阿尔弗雷德和布朗什经常出国旅行，二人以出版欧洲、亚洲和拉丁美洲文学出名，旗下的作者有：托尼·莫里森、约翰·厄普代克、科马克·麦卡锡、爱丽丝·门罗、石黑一雄和迈克尔·翁达杰等，以及托马斯·曼、威拉·凯瑟、约翰·赫西和约翰·契弗等经典作家。1960年公司被兰登书屋收购，兰登书屋又在1998年被贝塔斯曼集团收购。现在公司是克诺夫–道布尔戴出版集团的一个品牌。

1961年

帕特农图书公司标识　《掌握法国烹饪艺术》

企鹅出版公司股票上市。发行的股票被超额认购150倍，创下伦敦证券交易所的纪录。

兰登书屋收购帕特农图书公司（Pantheon Books），该出版社由从事编辑职业的欧洲人在纽约创立，在美国从事境外图书出版业务。

兰登书屋收购美国著名出版社阿尔弗雷德·克诺夫出版公司以及帕特农图书公司，这两家出版公司至今仍保持编辑业务完全独立。

朱莉娅·柴尔德（Julia Child）、路易丝·贝索勒（Louisette Bertholle）和西蒙·贝克（Simone Beck）合写的《掌握法国烹饪艺术》（*Mastering the Art of French Cooking*）第一卷由克诺夫出版公司出版。

知识链接：

帕特农图书公司的创始人库尔特·沃尔夫（Kurt Wolff）于1887年出生于德国，父亲是天主教徒，母亲是犹太人。他学习德国文学，并于1913年创立了库尔特·沃尔夫出版社（Kurt Wolff Verlag）。他出版的作家包括弗朗兹·卡夫卡（Franz Kafka）、弗朗兹·韦费尔（Franz Werfel），以及德译的埃米尔·左拉（Emile Zola）、马克西姆·高尔基（Maxim Gorky）、安东·契诃夫（Anton Chekhov）和辛克莱·刘易斯（Sinclair Lewis）。他效仿阿尔弗雷德·克诺夫和兰登书屋的贝内特·瑟夫等年轻新兴的美国出版商，雇用当代尖端艺术家进行文字设计，采用书套和报纸广告的方式，为此受到其他德国出版商的批评。

不断恶化的德国经济状况迫使沃尔夫于1930年关闭库尔特·沃尔夫出版社，不断变化的政治气候导致他决定于1933年移民。他先后在法国、意大利度过多年，在此期间他成为帕特农案例出版社（Pantheon Case Editrice）的发行人。这是1924年和他人共同创立的。沃尔夫和他的妻子海伦于1941年移居美国，一年之内，他们在曼哈顿创立了帕特农图书公司。

沃尔夫专门从事翻译文学的出版,这些作家包括赫尔曼·布罗奇(Hermann Broch)、朱塞佩·迪·兰佩杜萨(Giuseppe di Lampedusa)、鲍里斯·帕斯特纳克(Boris Pasternak)、卡尔·荣格(Karl Jung)和甘特·格拉斯(Gunter Grass)。他还出版关于艺术史的重要著作。1961年,贝内特·瑟夫收购了帕特农图书公司,使它成为兰登书屋的一个品牌。目前帕特农图书公司隶属于克诺夫-道布尔戴出版集团,并继续出版世界一流的文学作品,它的作者包括朱莉娅·格拉斯(Julia Glass)、詹姆斯·格里克(James Gleick)、哈金(Ha Jin)、安妮·莫罗·林德伯格(Anne Morrow Lindbergh)、亚历山大·麦考尔·史密斯(Alexander McCall Smith)、玛莉娜·萨特拉比(Marjane Satrapi)、斯皮格曼(Art Spiegelman)和斯托克·特克(Studs Terkel)。

1962年

肯·克西 　　《飞越疯人院》封面 　　艾伦·雷恩

维京出版社出版肯·克西（Ken Kesey）的《飞越疯人院》（One Flew over the Cuckoo's Nest）。

企鹅创始人艾伦·雷恩受封为爵士。

知识链接：

肯·克西（1935—2001），美国小说家、随笔作家。《飞越疯人院》出版于1963年，令他一举成名，改编电影荣获奥斯卡五项大奖。他被视为联系"垮掉一代"与嬉皮运动的关键性人物，一位可以同菲利普·罗斯、约瑟夫·海勒相提并论的严肃作家。除《飞越疯人院》外，他还著有《永不让步》《水手之歌》等作品。

1965年

托尔金的《魔戒》 　　　　《赫索格》封面

兰登书屋被主流媒体美国广播公司（RCA）收购。

普特南之子出版公司收购伯克利图书公司。

巴兰坦图书公司出版托尔金（J. R. R. Tolkien）的平装本《霍比特人》(The Hobbit) 和《魔戒》(The Lord of the Rings)。

索尔·贝娄的小说《赫索格》(Herzog)（维京出版）获得美国国家图书奖。

知识链接：

约翰·罗纳德·瑞尔·托尔金（1892—1973），英国作家、诗人、语言学家及大学教授，以创作经典严肃奇幻作品《霍比特人》《魔戒》与《精灵宝钻》而闻名于世。

1967年

企鹅出版社标识　　艾伦·雷恩精装书标识　　《局外人》封面

企鹅出版社（The Penguin Press）成立——企鹅全新的大胆尝试，既出版平装书，也出版精装书。

维京出版社出版辛顿（S. E. Hinton）的《局外人》（*The Outsiders*）。

知识链接：

苏珊·埃洛伊斯·辛顿（1948—　），美国作家，以其在俄克拉荷马州创作的年轻成人小说（YA），特别是她在高中期间创作的《局外人》（1967）而著称。1988年，她因在青少年写作方面的贡献获得美国图书馆协会颁发的首届玛格丽特·爱德华兹奖。

1969年

维拉德府

《第五号屠宰场》

《教父》

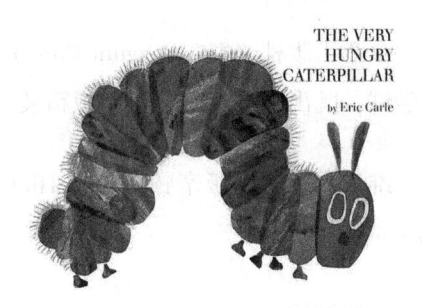

《饥饿的毛毛虫》封面

兰登书屋从麦迪逊大道（Madison Avenue）上古旧的维拉德府（Villard House）[位于圣帕特里克大教堂（St. Patrick's Cathedral）后面的历史性地标]迁至东50街201号。

埃里克·卡尔（Eric Carle）的《饥饿的毛毛虫》(*The Very Hungry Caterpillar*) 由世界出版公司（World Publishing Company）发行。

戴尔出版社的德拉科特（Delacorte）品牌出版了库尔特·冯内古特（Kurt Vonnegut Jr.）的《第五号屠宰场》(*Slaughterhouse-Five*)。

普特南之子出版公司出版马里奥·普佐（Mario Puzo）的《教父》(*The Godfather*)。

企鹅出版社出版第3000本平装书——詹姆斯·乔伊斯的《尤利西斯》平装本之后，艾伦·雷恩正式宣布退休。

知识链接：

维拉德府是纽约市曼哈顿第50街和第51街之间的麦迪逊大道455号的历史地标。该建筑建于1884年，由文艺复兴风格的建筑师约瑟夫·M.威尔斯（Joseph M. Wells）设计。它被列入美国国家历史遗迹名录，是纽约市指定的地标。

埃里克·卡尔，出生于1929年，美国设计家、儿童图书作家、插画家。1969年创作的《饥饿的毛毛虫》，只有32页，224个单词，却被翻译为65种语言，销售4600万册。1969—2013年，他的图书在全球共销售1.45亿册。卡尔不仅创作了许多可爱的书籍，还在马萨诸塞州的阿默斯特开设了埃里克·

卡尔绘本艺术博物馆。

库尔特·冯内古特（1922—2007），美国黑色幽默文学代表作家。冯内古特是出生在美国的犹太人，1940年考取康奈尔大学，主修化学。1944年珍珠港事件爆发，主张反战的他志愿参军，远赴欧洲战场。1945年遭德军俘虏，被囚禁在德累斯顿战俘营。冯内古特的文学创作，不少灵感正是来自于在战俘营的经历。在50多年的写作生涯中，他出版了14部小说，3部短篇小说集，5部戏剧和5部非小说作品。代表作有《猫的摇篮》《第五号屠宰场》《冠军早餐》《囚鸟》等。他的作品抓住了他身处时代的情绪，并激发了整整一代人的想象。

马里奥·普佐（1920—1999），美国最成功的畅销小说作家之一。他的代表作《教父》开启了黑帮小说的全新时代，一经问世便占领《纽约时报》畅销小说榜67周，在短短两年内创下2000万册销量奇迹，至今仍是美国出版史上畅销小说。出版两年后，《教父》改编的电影延续着小说的辉煌，担任三部《教父》电影剧本创作的普佐两次获得奥斯卡最佳编剧奖。《时代周刊》发表评论："马里奥·普佐是通俗小说的教父。"

二十世纪七十年代

1970年

艾伦·雷恩

1970年7月艾伦·雷恩逝世。

知识链接：

艾伦·雷恩（1902—1970），原名艾伦·雷恩·威廉姆斯，英国出版家，著名图书品牌"企鹅"创始人，在大众图书市场掀起平装书革命。艾伦·雷恩出生于英国德文郡，少年时在布里斯托文法学校求学。16岁时作为学徒进入鲍德莱·海德出版社，1925年出任该社执行总编。1934年，雷恩受到旅途中一个偶然念头的启发，产生出版低价优质的平装本小说的设想。由于与董事会在出版争议作品《尤利西斯》一书的问题上产生分歧，雷恩于1936年离开鲍德莱·海德出版社，成立企鹅出版公司，正式推出改变世界的企鹅平装书。

"企鹅"的平装本系列推出后大获成功，雷恩又将出版内容先后推广延伸到儿童非小说绘本、企鹅经典文库等出版领域。他将原本不成气候的平装书本出版汇成一个品牌，以最专业的态度进行精心的包装、设计、宣传推广。那个原本被贵族阶层占有乃至垄断的当代小说、必读经典、推理探案、严肃历史和纯诗歌的阅读世界，通过这个被设计和码放得整整齐齐的入口，面对劳动阶层敞开。平装书的大行其道直接改变了大众读者的文化生活和知识结构。进而扩大市场，改变了出版的世界。可以说，艾伦·雷恩已经跳出了单纯地为自己的出版企业谋求发展的狭隘思维，创立了一种革命性的出版模式，成为出版人中的出版人，一名具有更加宽阔视野和胸襟，为一个行业进行思考和实践的出版家。

1971年

贝内特·瑟夫　　《我与兰登书屋》封面　　巴勃罗·聂鲁达

企鹅出版集团被培生公司收购，培生公司是今天培生集团（Pearson PLC）的前身。

培生集团是世界著名的传媒机构。培生教育出版集团（Pearson Education Group）是其成员之一，是目前全球最大的教育出版集团。

兰登书屋联合创始人贝内特·瑟夫逝世，享年73岁。他与人共同创立的公司精装书年销售量超过6000万册。

索尔·贝娄的小说《赛姆勒先生的行星》（*Mr. Sammler's*

Planet)(维京出版社出版)获得美国国家图书奖。

巴勃罗·聂鲁达(Pablo Neruda)获得诺贝尔文学奖。

知识链接:

贝内特·瑟夫(1898—1971),20世纪美国杰出出版家,兰登书屋创办人之一。瑟夫来自纽约曼哈顿一个犹太家庭,从小受到良好教育。1921年,瑟夫毕业于哥伦比亚大学新闻学院,受家人影响进入《纽约论坛报》任财经版记者。1923年,瑟夫投身出版业,进入博埃·利弗赖特出版社工作。因为带着2.5万美元投资入社,瑟夫被老板破格任命为副社长。瑟夫从发行工作入手,逐步熟悉和掌握出版社经营法则。1925年,瑟夫与唐纳德·克洛普弗共同经营"现代文库"丛书,将"现代文库"丛书打造成博埃·利弗赖特出版社的业绩支柱,随后瑟夫出资将其买下。1927年,瑟夫与老搭档唐纳德·克洛普弗联手,在"现代文库"丛书的基础上共同创办了兰登书屋。

在深谙图书发行之道的瑟夫的全力经营下,1929年,兰登书屋已成为美国限量版精装书的主要发行商。同时,"现代文库"丛书也逐渐为兰登书屋树立起威望。

1934年,瑟夫以他超凡的商业智慧,设计詹姆斯·乔伊斯的小说《尤利西斯》走私案,通过法庭辩论挑战与该书相关的禁令,最终使《尤利西斯》成为兰登书屋第一部真正意义上的超级畅销书。同年，瑟夫将马塞尔·普鲁斯特的小说《追忆似水年华》重新设计出版，再一次取得极大成功。

经过瑟夫40余年的奋斗，兰登书屋成为美国乃至世界上最负盛名的出版社之一，它所出版的大量不朽的精品著作为学术界和大众文化带来不可估量的影响。1971年8月，贝内特·瑟夫去世。他曾经合作15年专栏的《星期六文学评论》做出这样的评价：他立志当一名出版人，也确实成了最卓越的出版家，为了这一事业，他全力以赴，每一个与图书世界有关的人都应感激他的恩惠。

巴勃罗·聂鲁达（1904—1973），智利当代著名诗人，1971年获得诺贝尔文学奖。13岁开始发表诗作，1923年发表第一部诗集《黄昏》，1924年发表成名作《二十首情诗和一支绝望的歌》，自此登上智利诗坛。他的诗歌既继承西班牙民族诗歌的传统，又接受了波德莱尔等法国现代派诗歌的影响；既吸收了智利民族诗歌特点，又从沃尔特·惠特曼的创作中找到了自己最倾心的形式。聂鲁达的一生有两个主题，一个是政治，另一个是爱情。他早期的爱情诗集《二十首情诗和一首绝望的歌》被认为是他最著名的作品之一。

1972年

CROWN

皇冠出版社标识

皇冠（Crown）出版社出版阿里克斯·康弗特（Alex Comfor）的《性的欢愉》（*The Joy of Sex*）。

知识链接：

皇冠出版社，成立于1933年，美国兰登书屋旗下的出版品牌，在畅销书领域居于领先地位。非小说类最畅销作家包括前美国总统奥巴马、前第一夫人米歇尔·奥巴马、前美国总统乔治·布什、苏珊·凯恩和格雷琴·鲁宾等，畅销小说作者包括吉莉安·弗林、恩斯特·克雷恩、安迪·威尔、米歇尔·莫兰等。

阿里克斯·康弗特（1920—2000），英国作家，代表作品《性的欢愉》出版后引起争议。

1973年

巴兰坦图书公司标识　　塔彻企鹅标识　　《用右脑绘画》封面

企鹅新西兰分部成立。

兰登书屋收购巴兰坦图书公司，凭借巴兰坦图书公司的大众平装书出版业务，兰登书屋得以获得更广泛和更多样的读者群。

杰里米·塔彻有限公司（Jeremy P. Tarcher, Inc.）由杰里米·塔彻（Jeremy P. Tarcher）创立，直到1996年他始终是公司的负责人。

知识链接：

巴兰坦图书公司（Ballantine Books）于1952年成立。创始人巴兰坦最先明智地看到纸皮书的巨大潜力和商机。1945

年夏天,他毫不声张地投资出版战后非常需要的纸皮书,这是受第二次世界大战中几千万册军队纸皮书发行的直接影响。因为战后美国一项"G. IBill法案",使得几十万退伍士兵得以上大学,出现新一代有文化的读者;同时,纸皮书定价便宜,又方便携带,深受读者欢迎。加上巴兰坦图书公司善于利用一家具有发行期刊、图书和综合业务的柯蒂斯发行公司(The Cartis Circulation co)的发行力量,很快将巴兰坦从一个很不起眼的纸皮书重印出版社发展到20世纪美国的主要大出版社之一。巴兰坦图书公司强调有明确的出版方向,主要出版西部故事、疑案小说、罗曼史等纸皮书,知名作家内容绚丽的小说和耀人的封面,足以吸引广大潜在读者,除了报摊发行外,还每月与图书俱乐部和学术合作开展推广活动。

巴兰坦图书公司既出纸皮书,又出精装书,而更多的是注意出版原版纸皮书,题材广泛,特别擅长出版科学小说、幻想小说、西部故事等。

巴兰坦的分公司德尔·雷伊公司(Del Rey)于1977年成立,专注科学幻想和其他形式推理小说的出版,创始人朱迪·林恩和德尔·雷伊,两位传奇式的出版商,他们出版了各个时期的这类畅销书,捧红了许多科学幻想书;1991年,巴兰坦创立的一个品牌"同一个世界"(One World)致力于多元文化的图书出版,围绕美非、美亚、拉丁美洲和乡土美洲人的话题,涵盖各种类别和版式,包括畅销在版书目,近现代作家的作品,神秘小说;2002年巴兰坦并购要塞出版社(Presidio Press),该社专门出版军事史类图书。

杰里米·塔彻（1932—2015），出生于美国纽约曼哈顿，全名杰里米·菲利普·塔彻（Jeremy Phillip Tarcher）。美国作家和制片人，以《星际迷航》（*Star Trek: The Original Series*）（1966年）、《莎丽秀》（*The Shari Show*）（1975年）和《飞短流长》（*Tattletales*）（1974年）而著称。1973年杰里米·塔彻在加州洛杉矶创立了他的同名公司（现为出版社），专注于出版名人书籍，包括莎莉·刘易斯（Shari Lewis）的"仅限儿童阅读俱乐部"（The Kids-Only Book Club）、贝蒂·爱德华兹（Betty Edwards）的畅销书《用右脑绘画》（*Drawing on the Right Side of the Brain*）和《比克拉姆的初级瑜伽课》（*Bikram's Beginning Yoga Class*）等。普特南于1991年收购了塔彻，并将办事处迁往纽约。直到1996年年初，塔彻先生一直领导着公司，同年企鹅集团收购普特南。

1974年

《万有引力之虹》

道布尔戴出版社出版彼得·本奇利（Peter Benchley）的《大白鲨》（*Jaws*），首次亮相就成为排名第一的畅销书；1975年，矮脚鸡平装书版销售量超过900万册。

企鹅加拿大分部（Penguin Canada）成立。

托马斯·品钦（Thomas Pynchon）的小说《万有引力之虹》（*Gravity's Rainbow*）获得美国国家图书奖。

知识链接：

彼得·本奇利（1940—2006），美国作家。曾做过《华盛顿邮报》记者、《新闻周刊》副主编和已故总统林登·约翰逊的新闻撰稿人。《大白鲨》是他的第一部长篇小说，1974年问世后，轰动美国和西方世界，被列为美国20世纪70年代十大畅销书之一。该书出版不久即被改编成电影，于1975年上映，获得巨大成功，成为史蒂文·斯皮尔伯格执导的经典影片之一。1976年，彼得·本奇利发表第二部长篇小说《深海潜行》(The Deep)，也得到了比较热烈的反响。1979年，他的第三部长篇小说《海岛》(The Island)出版，又一次被列为美国畅销小说，并被拍成电影。

彼得·本奇利擅长写以大海为题材的小说，其文笔自然流畅，描写细致入微，善于通过揭示人物的心理活动来塑造人物个性，其创作方法基本上是现实主义的。

托马斯·品钦（1937— ），美国后现代主义文学代表作家，以其晦涩复杂的后现代小说著称。1937年出生于美国长岛，曾于美国海军服役两年。1960年起开始着手创作第一部长篇小说 V. (1963)。作品《万有引力之虹》(1973)荣获1974年度美国国家图书奖，但拒绝领奖，最后由人代领。1975年，获美国艺术文学院的豪威尔斯奖，亦拒绝领奖。品钦对自己的个人生活讳莫如深，成名后深居简出，早年的照片和档案亦离奇消失，使外界对他的私生活同对他的作品一样充满好奇和无奈。其作品往往以神秘的荒诞文学与当代科学的交叉结合为特色，包含着丰富的意旨、风格和主题，涉及历史、哲学、自然科学、数学等不同领域。代表作《万有引力之虹》

为后现代主义文学中的经典之作，西方评论界称其为20世纪最伟大的文学作品。主要作品还有《拍卖第四十九批》（1966）、《梅森和迪克逊》（1997）、《抵抗白昼》（2006）等。

1975年

企鹅收购美国文学出版商维京出版社,创立维京企鹅图书公司,维京出版社是美国顶级精装书出版社,借助维京出版社强大的作者队伍,企鹅出版公司迈出在美国市场的第一步。

知识链接:

维京品牌具有传奇色彩,小说类和非小说类图书的出版都有非凡的成就。1925年维京出版社由哈罗德·金茨堡和乔治·奥本海默创办。出版社的名称及其标识,是由罗克韦尔·肯特绘制的维京船,选择这个作为标识,象征着出版业的进取心、冒险和探索精神。

维京出版社拥有的著名作家包括舍伍德·安德森(Sherwood Anderson)、詹姆斯·乔伊斯和劳伦斯。如今,维京出版社拥有很多畅销小说作家,例如普利策奖得主杰拉尔丁·布鲁克斯、塔娜·法文、丽贝卡·麦凯、伊丽莎白·乔治、苏·蒙克·基德、乔乔·莫耶斯,美国国家图书奖得主威廉·沃尔曼和诺贝尔奖获得者J. M. 库切。1925年,维京出版社非小说类作家包括詹姆斯·韦尔登·约翰逊和奥古斯特·斯特林堡。如今,维京出版社在非小说类出版中也表现不凡,其中包括纳撒尼尔·菲尔布里克、丹尼尔·詹姆斯·布朗、玛丽亚·史瑞佛、史蒂芬·平克、简·西诺、安东尼·比弗和蒂莫西·凯勒。从过去到现在，维京出版社的作者不仅继续赢得著名的奖项，而且还在全世界的畅销书榜单中占据主导地位。

1976年

《星球大战》封面

兰登书屋出版乔治·卢卡斯（George Lucas）的小说《星球大战》（Star Wars），这是受到电影启发而创作的小说和非小说类书籍中最受欢迎和最持久的系列之一。

索尔·贝娄获得诺贝尔文学奖（Nobel Prize in Literature）。代表作品《洪堡的礼物》1975年由维京出版社出版。

知识链接：

乔治·卢卡斯，1944年出生于美国加利福尼亚莫德斯托，美国导演、编剧、制片人，毕业于南加州大学电影系。1977年，凭借科幻电影《星球大战》入围第50届奥斯卡金像奖最佳导演奖。1980年，担任电影《星球大战2：帝国反击战》

的编剧和制作人；同年，担任电影《影武者》的制作人，他凭借该片获得第25届意大利大卫奖最佳外国制片人奖。1983年，担任电影《星球大战3：绝地归来》的制作人。2005年，卢卡斯获得美国电影学会终身成就奖。

1977年

矮脚鸡图书公司标识　　海豹出版社标识　　贝塔斯曼集团标识

贝塔斯曼集团是欧洲最大的出版集团之一，1977年第一次涉足英语语言的出版业务。随着收购矮脚鸡图书公司，其市场份额增加到1980年的100%。

海豹出版社由麦克利兰·斯图尔特（McClelland & Stewart）出版社（加拿大）和矮脚鸡出版公司（美国）联合投资成立。它成为加拿大最大的平装书出版公司。

知识链接：

贝塔斯曼集团，成立于1835年，是全球领先的传媒巨擘，业务遍及50多个国家。整个联营集团包括八大业务单元——

广播电视子集团 RTL 集团（RTL Group）、图书出版子集团企鹅兰登书屋、杂志出版公司古纳雅尔（Gruner+Jahr）、音乐版权管理公司 BMG、服务供应商欧唯特（Arvato）、贝塔斯曼印刷集团（Bertelsmann Printing Group）、贝塔斯曼教育集团（Bertelsmann Education Group）以及贝塔斯曼投资集团（Bertelsmann Investment Group）。根据 2019 年财报，公司拥有超过 12 万名员工，共创造了超过 180 亿欧元的营业额。贝塔斯曼是创造力与创业家精神的代名词，为全球客户带来顶尖的媒体服务与创新解决方案。

矮脚鸡图书公司，母公司兰登书屋是企鹅兰登书屋的子公司；矮脚鸡图书公司是兰登书屋旗下的品牌，隶属于矮脚鸡–戴尔出版集团，主营纸皮平装书重印业务，1945 年由沃尔特·皮特金、西德尼·克莱默，伊恩和贝蒂·巴兰坦创建。自那以后，它被多家公司并购，包括国家通用公司（National General）和兰登书屋。矮脚鸡图书的标识也经历了变化。1977 年的矮脚鸡图书标识的线条相比之前更加流畅。

1978年

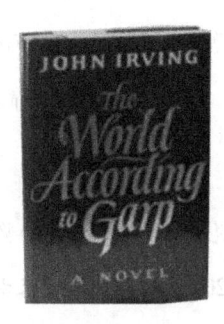

《盖普眼中的世界》

达顿出版公司出版约翰·欧文（John Irving）的《盖普眼中的世界》（*The World According to Garp*）。

知识链接：

约翰·欧文（1942— ），当代美国小说家，被美国文坛泰斗冯尼古特誉为"美国最重要的幽默作家"。主要代表作品有：《盖普眼中的世界》（1978）、《苹果酒屋的规则》（1985）等。约翰·欧文的作品呈现出高超的叙述技巧、独特的原创性和优美的文学性，既叫好又叫座，已被翻译成二十几种文字。

1979年

海豹图书最佳小说奖（Seal Books First Novel Award）首次评选，奖金5万加元，是世界上奖金最高的文学奖之一。

知识链接：

海豹图书最佳小说奖，加拿大文学奖项，以高额奖金5万加元而广为人知，在20世纪70年代末和80年代帮助出版商推出很多新锐作家。

二十世纪八十年代

1980年

ADVANCE PUBLICATIONS

先进出版公司标识

兰登书屋被先进出版公司（Advance Publications, Inc.）收购，先进出版公司是私人控股公司。

矮脚鸡图书公司售出路易·拉穆（Louis L'Amour）的作品平装本第1亿册。

知识链接：

路易·拉穆（1908—1988），美国作家，短篇小说家。作品题材主要涉猎美国西部生活，虽然他自称作品为"边疆故事"（frontier stories），但也创作历史小说《行走的鼓》（The

Walking Drum）、科幻小说《闹鬼的梅萨》（*Haunted Mesa*）、非小说类小说《边疆》（*Frontier*），以及诗歌和短篇小说集。他的许多作品被翻拍成电影。

1981年

《两年水手生涯》封面

发行第一本源于美国本土并在美国出版发行的企鹅出版公司经典图书：理查德·亨利·达纳（Richard Henry Dana Jr.）的《两年水手生涯》（又译《航海两年》，*Two Years Before the Mast*）。

知识链接：

理查德·亨利·达纳（1815—1882），美国作家、律师，出生于马萨诸塞州坎布里奇。在哈佛大学读书时，曾作为一名普通水手航海绕过合恩角到达加利福尼亚，回来后创作《两年水手生涯》一书，讲述自己的航海经历，生动地描述了水手们遭受的不公待遇,并帮助建立海事改革制度。1841年出版《海员的朋友》。这两本书都在英美两国再版,使其声名大噪。1840年开始在马萨诸塞从事律师业务,精通海洋法。《两年水手生涯》是很具代表性的航海游记,推动了美国乃至西方现代海事制度的改革。影响深远,其价值和趣味可与笛福巨著相媲美。

1982年

威尔福德·福赛特 　　《惊奇漫画》封面　　格罗塞特和邓拉普出版社标识

兰登书屋收购平装书出版社福塞特图书出版公司（Fawcett Books）。

普特南之子出版公司收购格罗塞特和邓拉普（Grosset & Dunlap）出版社，包括王牌图书公司。

知识链接：

福塞特出版公司是一家美国出版公司，1919年由威尔福德·汉密尔顿（Wilford Hamilton）"比利船长"福赛特（1885—1940）在明尼苏达州的罗宾斯代尔创立。

它以通俗幽默杂志《比利船长的神力爆炸》的出版拉开

序幕，随着20世纪20年代第一期《机械画报》的出版而扩展为一个杂志帝国，随后又推出了包括《真实的忏悔》《家庭圈子》《妇女节》和《真实》在内的多本杂志。1939年开始运营福塞特漫画公司（Fawcett Comics），漫威队长问世。1950年，随着"金牌图书"（Gold Medal Books）的出版，该公司成为平装书出版商。1977年被哥伦比亚广播公司出版公司收购。

格罗塞特和邓拉普出版社成立于1898年，于1982年被普特南之子出版公司收购，如今隶属于企鹅集团，每年出版约170种出版物。

1983年

比阿特丽克斯·波特　　《彼得兔的故事》封面　　《小波》封面

企鹅集团收购了弗雷德里克·沃恩有限公司（Frederick Warne S Co.），这家公司以比阿特丽克斯·波特（Beatrix Potter）和小波（Spot）这两个品牌而闻名。

知识链接：

比阿特丽克斯·波特（1866—1943），英国作家、插画家、自然科学家与环境保护人士，被认为是有史以来全球最受欢迎的儿童作家之一。从1902年弗雷德里克·沃恩有限公司出版的第一本书《彼得兔的故事》（Peter Rabbit）起，她继续创作了一系列围绕动物角色的故事。

埃里克·高登·希尔（Eric Gordon Hill）(1927—2014)，英国作家和儿童图画书的插画家，以画他的小狗小波而闻名。他的作品因其对儿童识字的贡献而受到广泛赞扬。

1984年

《艾柯卡自传》封面　　《紫苑草》封面

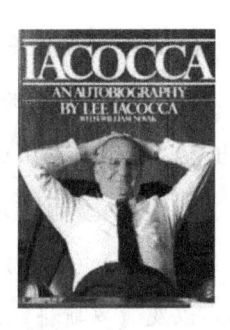

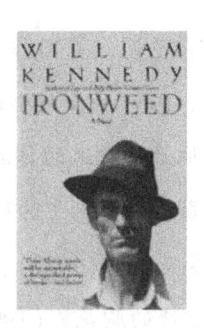

企鹅集团在英国成立维京品牌（Viking）。

李·艾柯卡（Lee Iacocca）和威廉·诺瓦克（William Novak）撰写的《艾柯卡自传》（*Iacocca: An Autobiography*），是一部克莱斯勒公司杰出负责人的回忆录，最终由矮脚鸡出版公司出版，销售精装本超过350万册，平装本400万册。

威廉·肯尼迪（William Kennedy）的《紫苑草》（*Ironweed*）（维京出版社出版）获得普利策小说奖。

知识链接：

李·艾柯卡（1924—2019），意大利裔美籍企业家。先后任福特汽车公司总经理和克莱斯勒汽车公司总裁、福特经典跑车"福特野马"（Ford Mustang）的开发负责人。担任克莱斯勒总裁期间成功将公司扭亏为盈，获得"美国产业界英雄"的称号。近年来，亦开始常用"艾柯卡"来代指"将公司经营转亏为盈的企业家"。

威廉·肯尼迪，美国作家。1928年出生于美国纽约州的奥尔巴尼市。1969年出版小说《油墨车》，迄今为止已创作近十部小说。他最为称道的作品当属"奥尔巴尼小说系列"，其中包括《怪腿戴厄蒙》（1975）、《比利·费伦的大一次赌博》（1978）、《紫苑草》（1983）、《昆因的书》（1988）、《老骨头》（1992）、《燃烧的胸花》（1996）以及《罗斯科》（2002）。

为他赢得普利策文学奖和美国国家书评奖的《紫苑草》在出版前曾先后被退稿13次，在诺贝尔文学奖得主索尔·贝娄的亲自推荐下，才得以顺利出版。此书出版后立刻造成轰动，改编电影旋即在1987年上映，由杰克·尼克尔森和梅丽尔·斯特里普饰演书中主角，两人并因此片获得奥斯卡奖影帝和影后的提名殊荣。肯尼迪对于家乡书写的成就甚高，美国文化生活杂志《名利场》赞誉："詹姆斯·乔伊斯之于都柏林，索尔·贝娄之于芝加哥，正如威廉·肯尼迪之于奥尔巴尼。"

1985年

兰登书屋有声书标识　　　　《白噪声》封面

企鹅出版集团收购迈克尔·约瑟夫和哈米什·汉密尔顿图书公司（the Michael Joseph and Hamish Hamilton book-publishing divisions）。这家公司后来搬到肯辛顿的莱特兄弟巷（Wrights Lane），但仍然保留了原址。

兰登书屋成立有声书部门。利用公司丰厚的图书资源录制删节版和完整版的磁带录音。

唐·德里罗（Don DeLillo）的小说《白噪声》（*White Noise*）（维京出版社出版）获得美国国家图书奖。

知识链接：

哈米什·汉密尔顿出版社（Hamish Hamilton Ltd）隶属于企鹅出版集团（Penguin Group）。1931年由杰米·汉密尔顿（Jamie Hamilton）创立，是英国著名的文学出版商。最初以出版小说见长，特别是一些生活在英国的美国作家的作品。其出版范围后来也扩展到非小说领域，但是，它坚持每年最多只出版20种新书。1965年，哈米什·汉密尔顿被汤姆森公司（Thomson Organisation）收购；1986年，汤姆森将汉密尔顿出售给企鹅出版集团。

唐·德里罗（1936— ），美国作家。被冠以"后现代派小说家"的头衔，是一位既拥有广大读者，又在学术界享有崇高声誉的美国小说家。唐·德里罗于1985年发表的《白噪声》更使他在美国声名大震，次年即获美国的文学大奖"国家图书奖"，该书被誉为美国后现代主义文学最具经典性的代表作。2005年美国《纽约时报书评》杂志评选了自1980年以来美国最好的小说，德里罗有3部小说入选，它们是《白噪声》（1985）、《天秤星座》（1988）、《地下世界》（1997）。以"代表美国文学最高水准"的创作，赢得了美国国家图书奖、美国笔会及索尔·贝娄文学终生成就奖、耶路撒冷奖等数十种重量级文学奖项。

1986年

《费奥多尔旅游指南》封面

兰登书屋收购了费奥多尔旅游指南出版公司（Fodor's Travel Guides）。

兰登书屋的联合创始人唐纳德·克洛普弗逝世，享年84岁。

企鹅出版公司收购新美国文库/达顿（New American Library/Dutton），使企鹅出版公司首次进入美国大众市场。

道布尔戴出版社被贝塔斯曼集团收购。戴尔出版社的平装书和精装书品牌版权都归贝塔斯曼集团所有。

兰登书屋加拿大分部（The Random House Canada）成立。

知识链接：

叶甫盖尼·费奥多尔（1905—1991），匈牙利裔美国旅行文学作家，出版家。费奥多尔出生于匈牙利的莱瓦（当时是奥匈帝国，现在是斯洛伐克的列维兹）。他看当时的旅游指南写的很无聊，于是写了一本关于欧洲大陆的旅游指南《年度娱乐旅行指南》（*The Entertaining Travel Annual*）。这本书于1936年由伦敦阿尔多出版公司（Aldor Publications）的弗朗西斯·奥尔多（Francis Aldor）出版，2011年由兰登书屋以电子书的形式重印。

唐纳德·克洛普弗（1902—1986），美国出版商，1925年与班尼特·瑟夫一起创立了美国出版公司兰登书屋。

1987年

查托和温德斯出版社标识　博德利头像出版社标识

企鹅印度分部（Penguin India）成立。

通过收购英国出版机构查托和温德斯出版社（Chatto & Winds），巾帼（Virago）出版公司，博德利头像出版社和乔纳森·凯普有限公司（Bodley Head S Jonathan Cape, Ltd.），兰登书屋显著扩大了其在国际的影响力。

贝塔斯曼集团成立矮脚鸡-道布尔戴-戴尔出版集团（the Bantam Doubleday Dell Publishing Group）。

知识链接：

查托和温德斯出版社，伦敦独立图书出版商，成立于维多利亚时代。1987年被兰登书屋收购。这家公司在1855年成立的约翰·卡姆登·霍顿（John Camden Hotten）出版社的出版业务基础上发展而来。1873年霍顿去世后，它被出售给霍顿的合伙人安德鲁·查托（Andrew Chatto，1841—1913），查托是诗人W. E. 温德斯（W. E. Winds）的合作伙伴。

巾帼出版公司，总部位于伦敦的英国出版公司，致力于出版女性作品和关于女权主义主题的书籍。巾帼出版公司于20世纪70年代由女性创办经营，并得到妇女解放运动（WLM）的大力支持，是帮助解决出版业不公平性别现象的英国女权主义出版社之一。

博德利头像出版社，英国出版商，1887年由查尔斯·埃尔金·马修斯（Charles Elkin Mathews）和约翰·雷恩（John Lane）创立。以牛津博德利图书馆（Bodleian Library）创始人托马斯·博德利爵士（Sir Thomas Bodley）的名字命名，该公司使用博德利的头像作为徽章。1937年被乔治·艾伦和昂温有限公司（George Allen & Unwin Ltd）、乔纳森·凯普有限公司和J. M. 登特（J. M. Dent）组成的出版商财团收购。20世纪70年代之前一直作为独立实体存在。从1987年到2008年，用作兰登书屋儿童读物的品牌，2008年4月，作为兰登书屋成人非小说作品品牌重新启用。

1988年

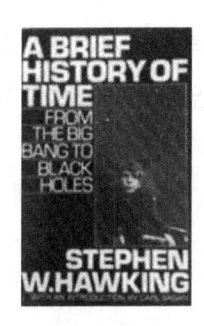

皇冠出版集团标识　　《时间简史》封面

维京出版社出版萨尔曼·拉什迪（Salman Rushdie）的《撒旦诗篇》（*The Satanic Verses*），引起国际争议。

矮脚鸡图书公司在北美和英国出版了史蒂芬·霍金（Stephen Hawking）的《时间简史》（*A Brief History of Time*）。

兰登书屋在收购皇冠出版集团（Crown Publishing Group）后再次发展壮大。

知识链接：

皇冠出版集团隶属于德国贝塔斯曼旗下的兰登书屋。皇冠的历史起源于1933年，其早期是由纳特·沃特斯（Nat Wartels）和鲍勃·西蒙（Bob Simon）创办的渠道图书公司（Outlet Book Company）。渠道最早的业务是销售库存书，不久之后就重印一些重版书、绝版书、畅销书等，最后开始出版原创读物。皇冠也逐渐发展成为渠道图书公司最知名的原创出版品牌。1988年，皇冠被兰登书屋收购。1998年，随着贝塔斯曼集团收购兰登书屋，皇冠也成为重新整合后的兰登书屋的一员。

1989年

企鹅出版公司南非分部（Penguin South Africa）成立。

兰登书屋通过收购世纪哈钦森有限公司（Century Hutchinson Ltd.），进一步扩张在英国的业务规模。

兰登书屋英国分部（Random House U. K.）成立。

知识链接：

哈钦森有限公司，英国图书出版商，前身是哈钦森（出版商）有限公司［Hutchinson & Co. (Publisher) Ltd.］，1887年由乔治·哈钦森爵士在伦敦创立，后来由其子沃尔特·哈钦森（Walter Hutchinson，1887—1950）经营。哈钦森有限公司出版的书籍和杂志有《女士王国》《冒险故事杂志》《哈钦森杂志》和《妇女》。该公司于1985年与世纪出版公司合并，成立了世纪哈钦森有限公司。该公司于1987年收购了金发、穆勒和怀特（Blond, Muller and White）出版社。1989年并入英国兰登书屋，成为基石出版公司（Cornerstone Publishing）的一个品牌，基石出版公司隶属企鹅兰登书屋，自2013年以来，企鹅兰登书屋由贝塔斯曼集团和培生集团共同拥有，自2019年起，由贝塔斯曼集团独有。

二十世纪九十年代

1991年

维京出版社的作者纳丁·戈迪默(Nadine Gordimer)获得诺贝尔文学奖。

加拿大阿尔弗雷德·克诺夫(Alfred A. Knopf Canada)出版公司图书由出版商路易丝·丹尼斯(Louise Dennys)发行。

知识链接：

纳丁·戈迪默(1923—2014)，南非作家，1991年，她因其"壮丽宏伟的史诗创作对人类的贡献"而成为首位获得诺贝尔文学奖的南非作家。著有《我儿子的故事》《七月的人民》《无人伴随我》等20多部长篇小说和短篇小说集。戈迪默不仅是世界知名的作家，更是反种族隔离的社会活动家、非洲国民大会成员以及公众人物。

20世纪90年代以后，戈迪默致力于南非的公益事业。2004年，戈迪默邀集马尔克斯、苏珊·桑塔格、拉什迪、厄普代克、玛格丽特·阿特伍德、阿契贝、奥兹、大江健三郎、伍迪·艾伦、阿瑟·米勒等文坛大腕共同出版了一部短篇小说集《讲故事》(Telling Tales)。此书出版后所有的收入都捐献给了南非的抗艾滋病组织。2013年，戈迪默参加南非广播公司"南非标志性人物"(1996—2001)系列短片的拍摄，这次节目拍摄的照片均拍卖，拍卖所得都捐赠给了南非的儿童医院。2014年戈迪默安然去世，享年91岁。

1993年

托尼·莫里森

克诺夫出版社的作者托尼·莫里森（Toni Morrison）获得诺贝尔文学奖。

企鹅出版公司推出有声读物，将国际知名演员录制的古典和当代作品带给新的听众。

知识链接：

托尼·莫里森（1931—2019），美国作家，于1993年获得诺贝尔文学奖，是首位获此殊荣的非洲裔美国作家。她的代表作包括《所罗门之歌》《宠儿》《上帝救救孩子》等，她是公认的美国当代最重要的作家之一，也是非洲裔美国人在美国社会最重要的代表人物之一。

  1993年，企鹅出版公司推出有声书，给热爱古典和当代作品的读者提供可以听的书，而且，企鹅出版公司只启用最优秀的演员来朗读。企鹅出版公司从此开始一直致力于开发新技术。

1994年

河源出版社标识

河源（Riverhead）出版社由苏珊·彼得森·肯尼迪（Susan Petersen Kennedy）创立。

知识链接：

河源出版社，由苏珊·彼得森·肯尼迪于1994年创立，是企鹅集团（美国）旗下的品牌。主要出版畅销小说和非小说系列。河源出版社一直致力于出版富有特色的图书、寻找有独特风格的作者。河源出版社的作家包括卡勒德·胡赛尼、尼克·霍恩比、安妮·拉莫特、兰德尔·门罗、帕特里夏·洛克伍德、萨拉·沃韦尔、李昌来、伊丽莎白·吉尔伯特等。

1995年

兰登书屋网站　　企鹅出版公司网站

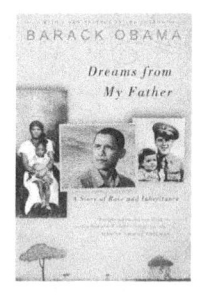

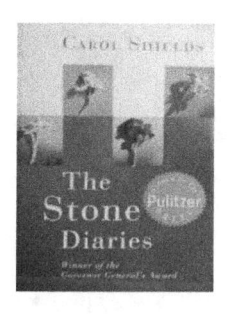

《父亲的梦想》封面　《斯通家史札记》封面

兰登书屋创建自家的第一个网站。

企鹅出版公司是第一家在英国拥有网站的行业出版商，也是第一家开设电子书商店的公司。

时代图书（Times Books）公司，当时是兰登书屋的一家品牌，出版巴拉克·奥巴马的《父亲的梦想》（*Dreams from My Father*）的第 1 版，后来由皇冠出版社和三江出版社（Three Rivers Press）重印。

企鹅出版公司用企鹅经典系列（即 20 世纪 60 年代创办的经典系列）庆祝成立 60 周年。

卡罗尔·希尔兹（Carol Shields）的《斯通家史札记》（*The Stone Diaries*）（维京出版社出版）获得普利策小说奖。

1996年

The Berkley Publishing Group
A member of Penguin Putnam Inc.

普特南·伯克利出版集团标识

企鹅出版公司收购普特南·伯克利出版集团（Putnam Berkley Group），该集团是美国出版业历史最悠久、规模最大、最负盛名的公司之一。

知识链接：

普特南·伯克利出版集团是伯克利出版集团的原始名称之一。普特南·伯克利（Putnam Berkley）是企鹅普特南出版集团（Penguin Putnam Pulishing Group）的品牌，伯克利图书公司成立于1955年，是一家独立公司。查尔斯·伯恩和弗雷德里克·克莱因曾为雅芳（Avon）工作，后来成立"时尚新闻公司"（Chic News Company）。不久，更名为伯克利出版公司，1965年被普特南收购之前，在科幻小说界声名卓著。伯克利著名的作者包括菲利普·K.迪克（Philip K. Dick）和雷·布拉德伯里（Ray Bradbury）。

1997年

REED INTERNATIONAL

里德图书出版公司标识

兰登书屋收购里德图书（Reed Books）出版公司的贸易部门，进一步扩大了伦敦业务。

兰登书屋创建新的童书品牌——克诺夫平装书。

莫德凯·里奇勒（Mordecai Richler）的小说《巴尼的人生》（*Barney's Version*）获得加拿大吉勒文学奖，由克诺夫出版社加拿大分社出版。这是该公司首次获得吉勒文学奖。

知识链接：

吉勒文学奖，是加拿大商人杰克·拉宾诺维奇（Jack Rabonvitch）于 1994 年为纪念亡妻、加拿大著名女作家桃瑞丝·吉勒（DoriS Giner）而设立的私人文学奖。其目的是继承和弘扬吉勒女士在文学创作上所取得的成就，促进加拿大文学发展，并通过商业化方式，使加拿大人能够读到更多优秀的小说作品。

1998年

企鹅电子书

3月23日，贝塔斯曼集团宣布从先进出版公司购买了兰登书屋的全部股份。

企鹅出版公司与火箭电子书（Rocket eBook）公司签署一项开发和销售电子书的协议。

5月，美国联邦通讯委员会批准贝塔斯曼集团收购兰登书屋。

7月1日，交易完成，矮脚鸡-道布尔戴-戴尔出版集团与兰登书屋合并，兰登书屋成为世界上最大的贸易图书出版集团。

作者若泽·萨拉马戈（José Saramago）获得诺贝尔文学奖。

知识链接：

若泽·萨拉马戈（1922—2010），葡萄牙作家，1998年诺贝尔文学奖获得者，代表作品有《修道院纪事》《失明症漫记》《复明症漫记》等。

1999年

有声读物文库公司标识

君特·威廉·格拉斯　　铁锚图书出版社标识　　复古出版社标识

南非作家约翰·马克斯维尔·库切（J. M. Coetzee）的《耻辱》（*Disgrace*）（维京出版社出版）获得布克奖。

四家新的出版集团成立。最重要的是：道布尔戴-百老汇出版集团（Doubleday Broadway Publishing Group）和矮脚鸡

-戴尔出版集团（Bantam Dell Publishing Group）。

铁锚图书（Anchor Books）出版社并入克诺夫出版集团旗下的复古（Vintage）出版社。

全世界范围内建立了企鹅经典网站（www.penguinclassics.com）。

兰登书屋收购有声读物文库公司（Listening Library Inc.），这是一家处于领军地位的儿童有声读物出版商。

作者君特·威廉·格拉斯（Günter Wilhelm Grass）获得诺贝尔文学奖。

在加拿大，矮脚鸡-道布尔戴出版社和兰登书屋联合组成加拿大兰登书屋，归属贝塔斯曼集团管辖。

知识链接：

约翰·马克斯维尔·库切（1940— ），南非当代小说家，1987年耶路撒冷文学奖得主，2003年诺贝尔文学奖得主。库切主要使用英语写作。2006年，库切成为澳大利亚公民，在阿德莱德大学文学院任教。

君特·威廉·格拉斯（1927—2015），德国作家，出生于但泽市（今波兰格但斯克），1999年诺贝尔文学奖得主。1965年获得格奥尔格·毕希纳奖（Georg Büchner Prize），并于1993

年当选为英国皇家文学会荣誉院士。最著名的作品《铁皮鼓》是欧洲魔幻现实主义的代表作品，也是但泽三部曲的第一部（另外两部作品是《猫与鼠》和《狗年月》）。他的作品具有浓厚的政治色彩，"以嬉戏中蕴含悲剧色彩的寓言描摹出人类淡忘的历史面目"获得1999年诺贝尔文学奖。

铁锚图书出版社成立于1953年，是美国历史最悠久的平装书出版商。其目标是向广大大学生和成年公众提供价格低廉的现代经典版本。铁锚图书出版社的榜单上拥有屡获殊荣的历史，作品涉猎广泛：科学、女性研究、社会学和文学的作品。出版社的作者包括：奇努阿·阿切贝（Chinua Achebe）、伊恩·麦克尤恩（Ian McEwan）、亚历山大·麦考尔·史密斯、朱莉娅·格拉斯、凯伦·阿姆斯特朗（Karen Armstrong）、安妮·赖斯（Anne Rice）、乔恩·克拉考尔（Jon Krakauer）、恰克·帕拉尼克（Chuck Palahniuk）、玛丽·戈登（Mary Gordon）、丹·布朗（Dan Brown）和玛格丽特·阿特伍德（Margaret Atwood）等。

二十一世纪

TWENTY-FIRST CENTURY

2000年

多林·金德斯利出版社标识　　麦可兰德-斯图尔特出版公司标识

培生集团收购多林·金德斯利（Dorling Kindersley，DK）出版社，DK 出版社是世界上插图出版领域的领军者。

加拿大兰登书屋（Random House of Canada）拥有麦可兰德-斯图尔特出版公司（McClelland & Stewart Ltd.）25% 的股权，麦可兰德-斯图尔特出版公司是加拿大卓越的图书贸易出版商之一。

企鹅出版公司在成功赢得诽谤诉讼后，保住了言论自由捍卫者的地位。1996 年，大卫·欧文（David Irving）在英国一家法院对美国作家黛博拉·利普施塔特（Deborah Lipstadt）和企鹅出版公司提起诉讼，声称利普施塔特在她的作品《否认大屠杀》（Denying the Holocaust）中诽谤了他。历经四年，法院裁决作者和企鹅出版公司胜诉。

纳撒尼尔·菲尔布里克（Nathaniel Philbrick）的作品《海洋深处》（In the Heart of the Sea）（维京出版社出版），获得非小说类美国国家图书奖（the National Book Award for Nonfiction）。

知识链接：

多林·金德斯利公司出版社，是英国著名的非小说类图文读物出版商，出版旅游、参考、儿童类高品质图画书，隶属于企鹅出版集团（Penguin Group）。DK出版社以"知识亲和力"为目标，将彩色书扩充到工具书及生活、艺术、旅游、园艺、烹调、幼教等各类非文学书籍中。其图文并茂的出版风格，影响了世界出版业。出版的游记、科普和百科读物、生活实用图书、儿童书籍等畅销全球。

DK出版社的出版业务分为成人和儿童两大类。

成人读物的主题涵盖：艺术和文化、商业和计算机、家庭工具书、餐饮、园艺、健康保健、历史、地图、育儿、科学与自然、体育休闲、旅游等各种领域。

儿童读物包括：学前读物、游戏手册、工具书、百科和科普读物、家庭学习读物等。DK出版社的儿童图书占英国儿童图书市场份额的 11%，而儿童图书的销售份额在整个 DK 出版社中则占据了 40%。

麦可兰德-斯图尔特出版公司：加拿大出版公司，成立于 1906 年。该公司是一家成人读物出版和贸易公司，出版了许多加拿大著名作家的小说。每年出版近 100 种新书，种类繁多，从菜谱到诗集、从短篇小说集到艺术类图书都有涉猎。此外，该公司十分注重图书版权的输出，与很多国际版权代理机构建立了合作关系。

纳撒尼尔·菲尔布里克（1956— ），美国作家，作品多次获得各种奖项：国家图书奖获奖作品《海洋深处》（*In the Heart of the Sea*）、普利策奖短名单入选作品《五月花号》（*Mayflower*）、新英格兰图书奖获奖作品《邦克山号航空母舰》（*Bunker Hill*）等。

2001年

兰登书屋蒙达多利出版公司标识

宝典图书标识

波特佛里奥标识

企鹅出版集团搬迁到现址斯特兰德大街 80 号，位于英国伦敦市中心。

兰登书屋将贝塔斯曼集团旗下的普拉泽·詹尼斯（Plaza&Janés）出版社与意大利蒙达多利（Mondadori）出版集团旗下西班牙的格利哈尔波（Grijalbo）出版社和拉丁美洲的南美（Sudamericana）出版社合并，创建了世界第二大西班牙语贸易图书出版商兰登书屋蒙达多利（Random House Mondadori）出版公司。

阿德里安·扎克海姆（Adrian Zackheim）创立企鹅出版集团专门致力于投资组合的商务图书品牌：波特佛里奥（Portfolio）。

兰登书屋收购小宝典图书公司（Little Golden Books），这是深受孩子们喜爱的品牌。

知识链接：

普拉泽·詹尼斯出版社是西班牙语出版界的著名品牌，1959年由杰曼·普拉泽（Germán Plaza）和何塞·詹尼斯（José Janés）共同创建，70年代在西班牙和拉丁美洲发展为拥有雄厚实力的出版品牌；1984年被贝塔斯曼集团收购；2001年成为合资企业兰登书屋蒙达多利旗下的品牌。

理查德·斯凯瑞（Richard Scary, 1919—1994），出生于波士顿，美国最负盛名的儿童畅销书作家。1963年，他出版了成名作《会讲故事的单词书》，12年里卖掉了700万册。一生创作儿童图书300余部，全球销量超过3亿册，是世界童书界的幽默大师。他的"小宝典"系列风靡世界40余年，陪伴一代又一代人成长，是美国家庭书架和美国国家图书馆的必藏书。

阿德里安·扎克海姆（1951— ），企鹅出版集团旗下的波特佛里奥出版社社长兼总编辑，哥伦比亚大学兼职教师。曾经策划出版过《从优秀到卓越》《基业长青》和《紫牛》等畅销书。他的选题涉及管理、战略、市场营销、个人投资理财等领域，也有部分励志类和传记类作品，不涉及教材和学术著作。

2002年

攻略出版公司标识　　哈维尔出版社标识

企鹅出版集团拥有攻略出版（Rough Guides）公司100%的所有权（1996年持有51%的股份）。

凯尔泰斯·伊姆雷（Imre Kertész）获得诺贝尔文学奖。

兰登书屋出版集团收购哈维尔出版社（Harvill Press）。

迈克尔·弗朗西斯·摩尔（Michael Francis Moore）备受争议的《愚蠢的白人》（*Stupid White Men*）在美国遭禁后，兰登书屋在英国出版了平装本。

企鹅出版集团爱尔兰分部成立。

扬·马特尔（Yann Martel）的《少年派的奇幻漂流》（*Life of Pi*）获得布克奖，该书由加拿大兰登书屋出版。

知识链接：

攻略出版公司是著名旅行和音乐指南出版商。1996年，企鹅出版公司收购了其51%的股份，2002年，则持有该公司的全部股份。

凯尔泰斯·伊姆雷（1929—2016），匈牙利作家，2002年诺贝尔文学奖获得者。生于匈牙利布达佩斯，1944年被纳粹投入奥斯维辛集中营，1945年获得解救。1975年，他以在集中营生活为背景的首部小说《命运无常》出版。2002年因该作品获得诺贝尔文学奖，获奖理由为"对脆弱的个人在对抗强大的野蛮强权时的痛苦经历进行了深入的刻画，而其自传体文学风格也具有独特性"。

哈维尔出版社，1946年由曼尼亚·哈拉里（Manya Harari）和玛乔丽·维利尔斯（Marjorie Villiers）创立。后来被总部设在格拉斯哥的威廉·柯林斯父子（William Collins and Sons）出版公司收购，1989年与美国出版商哈珀和娄（Harper & Row）合并，组建了哈珀·柯林斯（Harper Collins）出版社。1996年，在管理层买断后，哈维尔出版社独立。2002年被兰登书屋收购，并于2005年与塞柯和沃伯格（Secker & Warburg）合并，成为哈维尔-塞柯出版社。目前哈维尔-塞柯出版社是英国复古出版社的品牌。

迈克尔·弗朗西斯·摩尔（Michael Francis Moore, 1954—　），美国著名纪录片导演、作家及时事评论员，以制作探讨并讽刺美国社会问题的纪录片闻名，他所执导的《华氏9·11》不但获得戛纳金棕榈奖，也是影史上投资报酬率最高的纪录片，不但如此，史上最卖座的九部纪实电影中就有四部出于摩尔之手。2008年9月，他在网络上播出第一部免费纪录片《懒虫起义》，一部讲述如何鼓动美国人参与投票的影片。同时制作并参与演出电视节目，包括《电视之国》与《真相追击》。他的制片公司取名为"狗咬狗制片"（Dog Eat Dog Films）。

扬·马特尔（1963—　），加拿大作家。出生于西班牙萨拉曼卡，以《少年派的奇幻漂流》获得2002年布克奖及亚洲-太平洋美洲文学奖。

布克奖（The Man Booker Prize，或 Booker Prize，又简称 The Booker），从1969年开始颁发，每年颁发一次。布克奖以赞助商——食品供应公司布克（Booker McConnell）命名。布克奖被认为是当代英语小说界的最高奖项，也是世界文坛上影响最大的文学大奖之一。

2003年

《蜜蜂的秘密生活》封面 　　《追风筝的人》封面

《龙骑士》封面 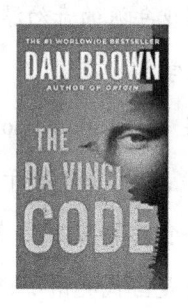　　《达·芬奇密码》封面

企鹅出版集团出版苏·蒙克·基德（Sue Monk Kidd）的《蜜蜂的秘密生活》（*The Secret Life of Bees*）平装本（维京出版社2002年出版精装本），这本书成为企鹅出版集团历史上最畅销的平装书。

兰登书屋大楼位于纽约市百老汇 1745 号,这也是兰登书屋的全球总部。

卡勒德·胡赛尼(Khaled Hosseini)的《追风筝的人》(*The Kite Runner*)(河源出版社)在美国出版,此书持续销售超过 500 万册。

兰登书屋儿童图书社在北美、德国和英国本土出版《龙骑士》(*Eragon*),这是克里斯托弗·鲍里尼(Christopher Paolini)的《遗产四部曲》(*Inheritance Cycle*)中的第一部,也是当下最受欢迎的魔幻系列图书之一。

企鹅经典丛书在全球范围内重新启动,推出了惊人的黑色封面,这是自 1986 年以来的首次变化。

道布尔戴出版社的美国、英国和加拿大分社出版了丹·布朗的《达·芬奇密码》(*The Da Vinci Code*),这本书成为世界范围内十大流传最广的畅销书之一。

作者约翰·马克斯韦尔·库切获得诺贝尔文学奖。

瓦桑吉(M. G. Vassanji)凭借由加拿大道布尔戴出版社出版的《维克拉姆·拉尔的中间世界》(*The Interest World of Vikram Lall*)获得吉勒奖(the Giller Prize),这标志着他成为第一位两次获得该奖项的人,加拿大道布尔戴出版社第一次获得吉勒文学奖。

2004年

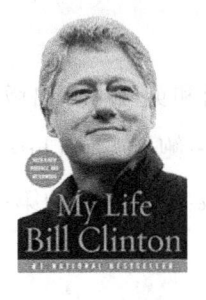

《我的生活》封面　　兰登书屋电影公司标识

企鹅出版公司成为第一家通过网站将书直接卖给消费者的主要出版商。

焦点电影公司标识

企鹅出版公司是最早开始尝试电子商务的出版商。

比尔·克林顿（Bill Clinton）的作品《我的生活》（*My Life*）由克诺夫和基石（Knopf and Cornerstone）出版社出版。

兰登书屋电影公司（Random House Films）是兰登书屋集团有限公司（Random House, Inc.）的电影制作部门，与焦点电影公司（Focus Features）合资共建。

2005年

《伟大的思想丛书》封面　　邦德街图书标识

企鹅出版集团图书《伟大的思想丛书》（*Great Ideas*）在美国出版。

印度兰登书屋（Random House India）成立。

威廉·T. 沃尔曼（William T. Vollmann）的小说《欧洲中心》（*Europe Central*）（维京出版社出版）获得国家图书奖。

加拿大道布尔戴出版社创建邦德街图书（Bond Street Books）品牌，出版国际作家的作品。

史蒂夫·科尔（Steve Coll）的《幽灵战争》（*Ghost Wars*）（企鹅出版集团出版）获得普利策非虚构类著作奖（the Pulitzer Prize for General Nonfiction）。

2006年

BBC 图书公司标识　　　　《马奇》封面

克诺夫出版社的作者奥尔罕·帕慕克（Orhan Pamuk）获得诺贝尔文学奖。

企鹅出版集团中国分部（Penguin China）成立。

兰登书屋在英国收购 BBC 图书（BBC Books）公司。

企鹅出版集团出版金·爱德华兹（Kim Edwards）的《不存在的女儿》（The Memory Keeper's Daughter）平装本（维京出版社 2005 年出版精装本），这本书成为现象级畅销书，销量超过 400 万册。

伊斯梅尔·卡达莱（Ismail Kadare）获得布克国际文学奖

(Man Booker International Prize)。

杰拉尔丁·布鲁克斯(Geraldine Brooks)的《马奇》(*March*)获得普利策小说奖。企鹅经典丛书首次在韩国出版。

2007年

维珍图书公司标识　　《美食，祈祷和恋爱》封面

目标图书标识

企鹅出版集团推出全球首款网络互动小说项目——由网友自行撰写编辑的"百万企鹅"网站（Amillionpenguins.com）。

在英国，兰登书屋收购维珍图书（Virgin Books）公司的大部分股权。

企鹅出版集团出版伊丽莎白·吉尔伯特（Elizabeth Gilbert）的《美食，祈祷和恋爱》（*Eat，Pray，Love*）平装本（维京出版社2006年出版精装本），这本书在美国持续销售800万册。

知识链接：

"百万企鹅"是一个通过因特网集体创作文学作品的维基（Wiki）计划，由企鹅出版集团与英国莱斯特德蒙特福特大学联合创建。"百万企鹅"的创意取自维基百科，网民只要登上其网页，便可参与创作，并可删改别人的作品。

维珍图书公司，英国图书出版商，1979年由理查德·布兰森（Richard Branson）成立，当时是一家与维珍唱片关联的摇滚乐出版商。在20世纪80年代后期，维珍图书公司收购几家现有的公司，包括威廉·霍顿·艾伦（WH Allen）出版公司，该公司因其目标图书（Target Books）的品牌而在《神秘博士》（*Doctor Who*）粉丝中广为人知；维珍图书公司于1989年并入威廉·霍顿·艾伦出版公司，1991年威廉·霍顿·艾伦出版公司更名为维珍出版有限公司（Virgin Publishing Ltd.）。维珍图书公司品种丰富多样，从幽默和传记到商业和体育，应有尽有。目前兰登书屋拥有90%的股份，维珍集团（Virgin Group）拥有10%的股份。

2008年

哈维尔-塞柯
出版社标识

斯皮热尔和格劳
出版社标识

河源出版社标识

南·塔莱斯标识

兰登书屋出版集团拓展包括矮脚鸡-戴尔出版集团和斯皮热尔和格劳（Spiegel & Grau）出版社的品牌业务。

河源出版社出版的朱诺特·迪亚兹（Junot Díaz）的《奥

斯卡·瓦奥短暂而奇妙的一生》（*The Brief Wondrous Life of Oscar Wao*）获得普利策小说奖。

克诺夫出版集团并入道布尔戴出版社和南·塔莱斯（Nan A. Talese）的品牌业务后，重新命名为克诺夫-道布尔戴出版集团（the Knopf Doubleday Publishing Group）。

在英国，兰登书屋出版集团旗下的哈维尔出版公司（Harvill Press）与塞柯和沃伯格（Secker & Warburg）出版社合并成为哈维尔-塞柯（Harvill Secker）出版社。

英国兰登书屋创建爱尔兰环球出版公司（Transworld Ireland）。

复古出版社（Vintage Publishing）是英国兰登书屋旗下的机构，创立了方桩（Square Peg）和博德利头像（Bodley Head）两个品牌。

企鹅出版集团第一批电子书 eSpecial 系列出版，涵盖各种类型压缩版电子书 200 余种。

英国兰登书屋：兰登书屋的部门分为 CHA（现在的基石出版社）和 CCV（现在的复古出版社）。

阿尔曼·拉什迪（Alman Rushdie）的小说《午夜的孩童》（*Midnight's Children*）（英国克诺夫出版社和美国兰登书屋出

版）获得布克最佳作品奖（Best Of Booker Award）。

知识链接：

南·塔莱斯（1933— ），美国资深编辑，纽约著名出版人。塔莱斯曾任道布尔戴出版社的高级副总裁。1990年到2020年，塔莱斯担任道布尔戴出版社旗下她自己的品牌南·塔莱斯出版商和编辑总监，以出版帕特·康罗伊（Pat Conroy）、伊恩·麦克尤恩（Ian McEwan）和彼得·阿克罗伊德（Peter Ackroyd）等著名作家的作品而闻名。

哈维尔-塞柯出版公司，英国出版公司，成立于2005年，由塞柯·沃伯格和哈维尔出版社合并而成。塞柯·沃伯格成立于1935年，由弗雷德里克·沃伯格（Fredric Warburg）和罗杰·森豪斯（Roger Senhhouse）接管了处于破产状态的马丁·塞克（Martin Secker）。

该公司因其反法西斯和反共产主义的政治立场而闻名，这一立场使他们与当时许多知识分子的道德观发生了争执。当乔治·奥威尔（George Orwell）与共产党的同情者维克多·戈兰茨（Victor Gollancz）就他编辑的《维根码头之路》（The Road to Wigan Pier，1937年）分道扬镳时，他把自己的下一本书《向加泰罗尼亚致敬》（Homage to Catalonia）交给了塞柯·沃伯格，后者于1938年出版了这本书。随后还出版了《动物农场》（又译《动物庄园》）（1945），以及奥威尔的后续著作。

战时和战后，由于财务状况受到纸张短缺的打击，塞柯·

沃伯格被迫在1951年加入海尼曼出版集团（Heinemann Group Of Publisher）。20世纪50年代和60年代，塞柯·沃伯格出版了西蒙娜·德·波伏娃、库切、阿尔贝托·莫拉维亚、君特·格拉斯、安格斯·威尔逊以及英国佛教徒洛桑·兰帕的作品。海尼曼于1985年被八爪鱼出版集团收购；八爪鱼出版集团于1987年被里德国际出版社（Reed International，现为里德-爱尔思维尔 Reed Elsevier）收购。兰登书屋于1997年收购了里德图书（Reed Books）的成人贸易部门。

朱诺特·迪亚兹，1968年出生于多米尼加，1974年随父母移民美国。在托尼·莫里森、桑德拉·希斯内罗斯等著名作家的指导下，迪亚斯走上创作之路，如今，他是麻省理工学院教授写作的副教授，兼《波士顿评论》的编辑。迪亚斯1996年凭借短篇小说集《沉溺》一举成名，2007年他出版首部长篇小说《奥斯卡·瓦奥短暂而奇妙的一生》得到广泛好评，他也因此被誉为当代最杰出的美国作家之一。

2009年

《相助》封面

凯瑟琳·斯多克特（Kathryn Stockett）的《相助》（The Help）（普特南）出版，销量超过700万册。

皇冠出版集团重组后成为兰登书屋三家成人书部门之一。

企鹅经典丛书出版了第一本秘鲁语和犹太语主题图书。

知识链接：

凯瑟琳·斯多克特（1969— ），美国作家。凯瑟琳·斯多克特出生于密西西比州杰克逊县，毕业于阿拉巴马大学英语与创意写作专业，随后去纽约在杂志社工作。她最为著名的作品是2009年的处女作《相助》，讲述20世纪60年代在密西西比州杰克逊服务白人家庭的非裔美国女佣的命运。她花费5年时间完成《相助》的写作，但最初遭到 50 位作家经纪人拒绝，最后苏珊·拉默（Susan Ramer）同意代理她的作品。《相助》出版后，翻译为 42 种语言，截至 2012 年 8 月，销售数量已超千万，并在《纽约时报》畅销书排行榜停留 100 多周。

2010年

"宝宝触摸躲猫猫"应用程序　　"黑种草快速收集"界面

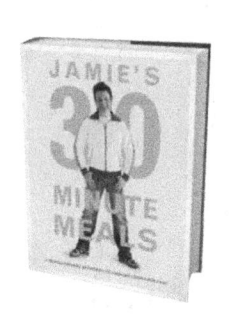

《杰米·奥利弗30分钟上菜》

苹果推出 iPad，iPad 中企鹅出版的米尔恩的《小熊维尼》，成为唯一预先装入设备的图书。

英国前首相托尼·布莱尔（Tony Blair）的《旅程：布莱尔回忆录》（*A Journey*）由哈钦森和克诺夫出版社（Hutchinson and Knopf）出版。

斯蒂芬·弗雷（Stephen Fry）的自传《弗雷纪事》（*The Fry Chronicles*）成为英国第一本拥有5个版本的图书。

黑种草快速收集（Nigella Quick Collection）这款应用程序在英国开始销售，其特点是免提和语音控制界面的创新，成为全球销量最好的畅销商品。

杰米·特雷弗·奥利弗（Jamie Oliver）的《杰米·奥利弗30分钟上菜》（*Jamie's 30-Minute Meals*）在英国成为当时卖得最快的非小说类图书。

《推出复古播客》（*Launch of the Vintage Podcast*），是一档每月30分钟的英国艺术节目，访谈和图书相关的作者、新闻以及议论。

企鹅推出首款英国婴幼儿图书应用程序：宝宝触摸躲猫猫（Baby Touch Peekaboo）。企鹅经典丛书首次在巴西用葡萄牙语出版。

利雅卡特·艾哈迈德（Liaquat Ahamed）的《金融之王》（*Lords of Finance*）（企鹅出版）获得普利策历史奖（Pulitzer Prize for History）。

2011年

企鹅视频增强型电子书界面

企鹅现代经典

蓝骑士出版社标识

儿童银幕娱乐公司标识

企鹅出版第一本视频增强型电子书。

兰登书屋在英国成立儿童银幕娱乐公司（Children's Screen Entertainment）。

企鹅现代经典（Penguin Modern Classics）50 周年。

大卫·罗森塔尔（David Rosenthal）创办蓝骑士出版社（Blue Rider Press）。

兰登书屋电影公司（Random House Films）与焦点电影公司（Focus Features）合拍的电影《有朝一日》（*One Day*）在影院上映。

英国复古出版社（Vintage U.K）的作者美国人菲利普·罗斯（Philip Roth）获得布克国际文学奖（Man Booker International Prize）。

曼宁·马拉博（Manning Marable）死后凭借《马尔科姆·X》（*Malcolm X*）（维京出版）获得普利策历史奖。

罗恩·切尔诺（Ron Chernow）凭借《华盛顿》（*Washington*）（企鹅出版）获得普利策传记奖（Pulitzer Prize for Biography）。

2012年

作者解决方案公司标识　《好心眼儿巨人》封面　DK 乐高图书

德尔·雷伊标识　　黑蕾丝情色书标识

兰登书屋宣布将出售全部成人和儿童再版书以及重点新书的电子书给图书馆，这样借书不再受数量的限制。

企鹅通过收购作者解决方案公司（Author Solutions,

Inc.），在自出版市场上占据领先地位。

兰登书屋作者门户网站在美国和加拿大建立。

马克·欧文（Mark Owen）的《艰难一日》（*No Easy Day*）（达顿）出版，遭到美国政府批评。

詹姆斯（E. L. James）的《五十度灰》三部曲（*The Fifty Shades trilogy*）由兰登书屋用英语、德语和西班牙语三种语言出版，9个月内平装本、音频和电子书版本创纪录地销售7000万册。

奥斯卡获奖演员兼作家艾玛·汤普森（Emma Thompson）出版新书，以纪念彼得兔（Peter Rabbit）110周年。

贝塔斯曼集团购买蒙达多利（Mondadori）在西班牙和拉丁美洲的西班牙语贸易图书合资企业50%的股份。蒙达多利现在已经完全属于兰登书屋。

海雀出版罗尔德·达尔（Roald Dahl）的《好心眼儿巨人》（*The BFG*）30周年纪念版。

兰登书屋电视公司（Random House Television）为业务扩展的需要并入兰登书屋电影公司，重组后的新名字叫兰登书屋工作室（Random House Studio）。

兰登书屋集团（Random House Group）在英国成立兰登书屋企业（Random House Enterprises），以寻求图书的许可和销售机会。

多林·金德斯利（DK）进军 DK 乐高图书（DK Lego book）。

英国企鹅媒体套房（Penguin Media Suite）的建设已经完成，企鹅可以在内部制作有声读物和视听材料。

英国兰登书屋集团：埃伯瑞出版公司（Ebury）创办了德尔·雷伊（Del Rey）（科幻小说和幻想小说）品牌，重新启用黑蕾丝情色书品牌（the Black Lace erotica list）。

约翰·刘易斯·加迪斯（John Lewis Gaddis）的作品《乔治·凯南》（*George F. Kennan*）（企鹅出版）获得普利策传记奖。

企鹅合资企业（Penguin Ventures）创立，致力于在儿童出版领域探索新的 IP 机遇。力于在儿童出版领域探索新的 IP 机遇。加拿大兰登书屋独家拥有麦可兰德-斯图尔特出版公司。

兰登书屋在加拿大温哥华推出精品生活品牌"食欲"（Appetite）。

复古出版社购买伊恩·弗莱明（Ian Fleming）的再版书版权。

加拿大兰登书屋创办《哈兹里特》(*Hazlitt*) 在线杂志。

贝塔斯曼集团和培生集团宣布兰登书屋和企鹅出版集团合并，两家公司全球所有出版品牌也将合并，共同建立企鹅兰登书屋。

知识链接：

作者解决方案公司（ASI），堪称全球自助出版的领导者，创办于2007年，2009年就进入全美发展最快的5000家企业行列，2011年创造了约1亿美元的收益。ASI的收入主要来自其向作者们提供的服务，其优势在于"网络营销、消费者分析、专业服务和用户产生内容"。目前，作者解决方案公司已与15万位作者合作，帮助他们出版、营销和发行了19万种图书。2012年，培生集团以1.16亿美元收购了作者解决方案公司。

伊恩·弗莱明（Ian Fleming, 1908—1964），英国作家、记者，特工007詹姆斯·邦德的缔造者。1908年5月28日，他出生于英国伦敦。1939年，他曾经在英国军情六处担任勤务，第二次世界大战期间在安全保障调整局从事间谍工作，后居住在牙买加。1953年，他以自己的间谍经验创作了007詹姆斯·邦德系列部作品《皇家赌场》，之后一发不可收拾，十几年间创造了十几部007系列小说作品。1964年，他在完成遗作《金枪客》后，因心脏病去世。

2013年

南非斯特鲁克兰登书屋标识　　印度企鹅兰登书屋标识

兰登书屋出版集团旗下四家出版公司的图书获得普利策文学奖，一家图书出版集团在同一年获得四次奖项，这是史无前例的。

企鹅兰登书屋成立，股东贝塔斯曼集团和培生集团在这个新的全球出版经销商中分别持有53%和47%的股份。

爱丽丝·门罗（Alice Munro）获得诺贝尔文学奖。企鹅兰登书屋出版她的短篇小说集的英语版和西班牙语版，享誉世界。

企鹅兰登书屋分别在10月和12月完全收购了印度企鹅兰登书屋（Penguin Random House India）和南非斯特鲁克兰登书

屋（Random House Struik South Africa）。

印度兰登书屋出版第一本印地语（印度的官方语言之一）电子书：尼西·格罗弗（Nishi Grover）的《每周体重少两斤》（*Har Haftey Ghatayen Ek Kilo Vajan*）。

2014年

桑蒂拉纳大众出版公司标识　　企鹅兰登书屋出版集团标识

企鹅兰登书屋同意收购主营图书贸易业务的桑蒂拉纳大众出版公司（Santillana Ediciones Generales），该公司在西班牙、葡萄牙和拉丁美洲等地均有运营。

普利策非小说类作品奖授予丹·费金（Dan Fagin）的《汤姆斯河》（Toms River）（矮脚鸡出版），这位第129届普利策奖获得者的作品，几十年来均由企鹅兰登书屋旗下的品牌出版。

理查德·弗拉纳根（Richard Flanagan）的《深入北方的小路》（The Narrow Road to the Deep North）荣获2014年布克奖。理查德·弗拉纳根的胜利也是企鹅兰登书屋跨越大陆的荣誉，澳大利亚兰登书屋在他的祖国出版他的作品，他被视为"澳大利亚的国家文学宝藏"。

企鹅兰登书屋推出新的全球品牌标识，体现了公司的价值观、目标和优势。

2015年

阿尔弗雷德·克诺夫一百周年标识

《我该养什么宠物呢?》封面　《去派个守夜人》封面

阿尔弗雷德·克诺夫,这个受人爱戴的品牌成立于1915年,为庆祝成立一百周年,克诺夫出版社全年举办了致敬作者的纪念活动。

保拉·霍金斯（Paula Hawkins）的《火车上的女孩》（The Girl on the Train）是 21 世纪最成功的小说之一。最初的 12 个月中，小说的英文版和德文版销量超过 700 万册。

白俄罗斯作家斯维特拉娜·阿列克谢耶维奇（Svetlana Alexievich）获得诺贝尔文学奖。企鹅兰登书屋是其作品西班牙语版的出版商。

企鹅兰登书屋出版苏斯博士的《我该养什么宠物呢?》（What pet should I get？）的手稿版，成为童书畅销书，英国企鹅兰登书屋发现《杀死一只知更鸟》（To kill a mocking bird）的作者哈珀·李（Harper Lee）的文学新作《去派个守夜人》（Go set a watchman）。

2016年

企鹅兰登书屋合并漫画　　同一个世界出版社标识

企鹅兰登书屋的合并继续推进。通过美国企鹅兰登书屋和加拿大企鹅兰登书屋合并,以及企鹅兰登书屋和西班牙、拉丁美洲的桑蒂拉纳图书公司合并,实现了组织核心、运营核心和系统一体化。

截至2016年12月,企鹅兰登书屋在全球拥有128000种电子书,可从其总部和旗下出版商购买。

知识链接:

同一个世界出版社(One World),是兰登书屋的品牌,兰登书屋是世界上最大的贸易图书出版集团企鹅兰登书屋的分支机构。

2017年

印度企鹅兰登书屋三十周年标识

英国埃克塞特圣戴维斯火车站纪念艾伦·雷恩爵士奖章

B 出版公司标识

印度企鹅兰登书屋及其前身出版公司，出版前 30 年最佳畅销书的珍藏版，来开启第四个十年。

企鹅兰登书屋西班牙语分社（Penguin Random House Grupo Editorial）收购 B 出版公司（Ediciones B），该公司在西班

牙和拉美地区备受推崇，拥有杰出的出版业绩。

自一个多世纪以前普利策奖创立以来，第 128 届、第 129 届、第 130 届和第 131 届的奖项得主都是企鹅兰登书屋的作者。

企鹅图书创始人艾伦·雷恩爵士荣获英国火车站奖章。英国埃克塞特圣戴维斯火车站用一块独特的橙色圆牌纪念他，表彰他对英国出版做出的贡献，纪念他在 1934 年推出的 6 便士平装本，引发了出版界的巨大变革，开启了企鹅图书的出版之路。

日裔英籍作家石黑一雄（Kazuo Ishiguro）获得诺贝尔文学奖。他的主要作品：《长日将尽》（*The Remains of the Day*）、《永远不要让我离开》（*Never Let Me Go*），分别由克诺夫出版社、复古出版社、兰登书屋有声读物工作室、北美加拿大克诺夫出版，以及姊妹社德国海恩出版社（Heyne Verlag）和巴西字母出版社（Companhia das Letras）。

英国布克奖和美国国家图书奖，是世界上最负盛名的两项英语文学奖，授予乔治·桑德斯（George Saunders）的《林肯在巴尔多》（*Lincoln in the Bardo*）（兰登书屋出版）和玛莎·盖尔森（Masha Gesson）的《未来是历史》（*The Future is History*）（河源出版社出版），迈克尔·雷德希尔（Michael Redhill）的《贝尔维尤广场》（*Bellevue Square*）（加拿大道布尔戴出版）获得加拿大最高小说荣誉奖——苏格兰银行吉勒奖（Scotiabank

Giller Prize）。

帕拉西奥（R. J. Palacio）的《奇迹》（*Wonder*）是美国今年最畅销的图书，企鹅兰登书屋少儿出版社销量超过 400 万册，在全球销量超过 500 万册。

6 月 1 日，企鹅兰登书屋收购了位于纽约布鲁克林的文化商品公司"绝版"（Out of Print）。

2018年

罗代尔图书公司标识

嘉丽·费舍尔和《迪亚里斯特公主》有声读物版封面

2018年福布斯美国最佳中型雇主名单之首

《成为》封面

1月，企鹅兰登书屋收购受人尊敬的养生读物出版商罗代尔图书公司（Rodale Books）的贸易图书出版资产，皇冠出版收购其成人非小说，罗代尔的儿童读物（Rodale Kids）并入兰登书屋少儿出版社（Random House Children's Books）。

嘉丽·费舍尔（Carrie Fisher）被授予格莱美最佳口语专辑奖（Best Spoken Word Alby GRAMMY Award），因为《迪亚里斯特公主》（*The Princess Diarest*）有声读物版。这是她叙述的 2016 年的回忆录，该书由企鹅有声读物社出版，是企鹅兰登书屋的品牌。费舍尔 2017 年去世前不久录制了《迪亚里斯特公主》，她的女儿比利·路德（Billie Lourd）讲述了书中的日记，该书及电子版由蓝骑士出版社出版。

马库斯·多尔（Markus Dohle）任命玛德琳·麦金托什（Madeline McIntosh）为企鹅兰登书屋美国首席执行官。她曾任企鹅出版集团总裁，该集团是美国最大的分部。

美国企鹅兰登书屋有声读物公司被评为年度有声图书出版商奖的首届获奖者，4 月获得伦敦书展国际卓越奖（International Excellence Awards）。

美国企鹅兰登书屋排名 2018 年福布斯美国最佳中型雇主名单之首。

克里斯汀·科克伦（Kristin Cochrane）被任命为加拿大企鹅兰登书屋的首席执行官。

7 月 1 日，企鹅兰登书屋庆祝成为全球最大贸易图书出版商 5 周年。

11月13日，米歇尔·奥巴马的回忆录《成为》（*BECOMING*）由企鹅兰登书屋在全球出版发行。这本回忆录立即成为全球畅销书。米歇尔·奥巴马录制的《成为》有声读物版，获得格莱美最佳口语专辑奖。

2019年

萨拉曼德拉出版社标识

原始资料出版社标识

小老虎集团标识

企鹅兰登书屋出版大事记

企鹅兰登书屋的西班牙语分社收购独立出版商萨拉曼德拉出版社（Ediciones Salamandra）和加泰罗尼亚语出版商拉坎帕纳图书公司（La Campana Libres）。

企鹅兰登书屋的作者波兰作家奥尔加·托卡尔丘克（Olga Tokarczuk）获得诺贝尔文学奖。

企鹅兰登书屋收购英国儿童出版商小老虎集团（Little Tiger Group），扩大了全球影响力。

企鹅兰登书屋收购美国增长最快的独立出版商原始资料出版社（Sourcebooks）45% 的股份。

迪丽娅·欧文斯的小说《蝲蛄吟唱的地方》（Where the Crawdads Sing）以各种载体形式销量超过 400 万册，成为今年最畅销的成人小说。

知识链接：

奥尔加·托卡尔丘克（1962— ），出生于 1962 年 1 月 29 日，波兰女作家、诗人、心理学家，获得 2018 年诺贝尔文学奖。1985 年，毕业于华沙大学心理学系。1993 年，出版首部小说《书中人物旅行记》（Journey of the People of the Book），1996 年，出版长篇小说《太古和其他的时间》（Primeval and Other Times）。1997 年起专事创作，同年获尼刻奖（Nike Award）。1998 年，出版长篇小说《白天的房子，夜晚的房子》

(*House of Day*,*House of Night*),并凭借该小说获 1999 年与 2002 年尼刻奖。2014 年,凭借小说《雅各书》(*The Books of Jacob*)再获尼刻奖。2018 年,凭借小说《云游》(*Flights*)获布克奖。《雅各书》和《云游》均由企鹅纽约分社出版。

2020年

里诺中心　　　　　　　　西蒙与舒斯特出版社标识

1月2日，内华达州的里诺中心（Reno）正式开业。里诺中心成为企鹅兰登书屋第三个配送中心，加入了马里兰州的威斯敏斯特和印第安纳州克劳福德斯维尔的长期业务，这样企鹅兰登书屋能够更快更高效地从海岸到海岸为读者发送图书。

贝塔斯曼收购英国培生集团持有的企鹅兰登书屋25%的股份，从而将其持股比例增加至100%，企鹅兰登书屋成为贝塔斯曼旗下独资企业。

11月25日，贝塔斯曼从维亚康姆哥伦比亚广播公司收购西蒙与舒斯特出版社。

知识链接：

西蒙与舒斯特，于1924年由理查德·西蒙（Richard L. Simon）和麦斯·林肯·舒斯特（M. Lincoln Schuster）在纽约创立，是美国的六大出版商之一，与兰登书屋、企鹅出版集团等齐名。西蒙与舒斯特的标识取自19世纪法国画家尚-法兰索瓦·米勒的画作《播种者》。曾是维亚康姆集团旗下企业，是全球大众兴趣类图书出版领域的领先者，致力于为全年龄段的读者提供包括纸质、电子与有声书在内的全形态优质刊物，西蒙与舒斯特的出版内容涵盖虚构与非虚构等多种品类。西蒙与舒斯特旗下作者在世界范围内广受赞誉，其中许多作者曾在文学领域获得过杰出奖项。西蒙与舒斯特旗下拥有众多知名出版机构，包括西蒙与舒斯特、斯克里布纳出版社（Scribner）、心房图书（Atria Books）、书廊出版社（Gallery Books）、亚当斯传媒（Adams Media）、西蒙与舒斯特儿童出版社（Simon & Schuster Children's Publishing）、西蒙与舒斯特有声书出版社（Simon & Schuster Audio）以及在澳大利亚、加拿大、印度和英国的多家国际出版公司。西蒙与舒斯特为全球超过200个国家和地区的读者提供来自旗下作家的优质作品。

贝塔斯曼，1835年，印刷商和装订商卡尔·贝塔斯曼（Carl Bertelsmann，1791—1850）创立了贝塔斯曼出版社。在起初的100年间，出版计划以基督教新教传统为主导，后来逐渐扩展包括语言学、历史和青年文学等。1928年，贝塔斯曼在新教杂志中推出了以"叙事文学"为题材的小说出版计划。从 1950 年起,贝塔斯曼创立了莱瑟林(Lesering)书友会。它的成功标志着公司步入了发展的新起点,并为公司崛起成为如今的国际传媒、服务和教育集团奠定了基础。1968 年,贝塔斯曼旗下 11 家独立的出版社组成贝塔斯曼出版集团(Verlagsgruppe Bertelsmann,自 2001 年起更名为 Verlagsgruppe Random House)。1977 年,贝塔斯曼收购了戈德曼出版社(Goldmann Verlag),并收购了西班牙广场和珍妮丝出版社和美国矮脚鸡出版社的股份,从而大大拓展了图书业务。1986 年,贝塔斯曼收购了美国道布尔戴出版社,一年将几家美国出版商合并为矮脚鸡−道布尔戴−戴尔出版集团。1998 年,贝塔斯曼收购了美国出版社兰登书屋,旗下作者包括杜鲁门·卡波特(Truman Capote)、约翰·欧文、菲利普·罗斯、约翰·勒·卡雷(John le Carré)、迈克尔·克莱顿(Michael Crichton)、萨尔曼·拉什迪、安妮·赖斯和玛格丽特·阿特伍德。该集团与矮脚鸡−道布尔戴−戴尔出版集团合并。从 2001 年开始,兰登书屋成为贝塔斯曼全球图书出版业务的代名词。2013 年,7 月 1 日,贝塔斯曼和培生(Pearson)将各自的图书出版业务合并为全球最大的大众图书出版集团企鹅兰登。贝塔斯曼是合并后的企鹅兰登的大股东,持有 53% 的股份,培生拥有 47% 的股份。企鹅兰登出版的畅销书包括:《五十度灰》(*Fifty Shades of Grey*)、《火车上的女孩》(*The Girl on the Train*)和《权力的游戏》(*Game of Thrones*)系列。旗下作家爱丽丝·门罗(Alice Munro)荣获2013年诺贝尔文学奖。至此,超过70位企鹅兰登书屋旗下作家摘得诺贝尔文学奖。2017年,贝塔斯曼从共同股东培生集团手中收购了企鹅兰登书屋22%的股份,以实现在企鹅兰登书屋持有更多股份的战略目标。2020年,贝塔斯曼将其在企鹅兰登书屋的股份增加到100%,成为世界最大大众图书出版集团的唯一所有者。贝塔斯曼签署收购西蒙与舒斯特的协议,计划将西蒙与舒斯特整合进企鹅兰登书屋的图书出版业务之中。随着此次收购的完成,图书出版业务也成为继RTL集团广播电视业务之后,贝塔斯曼集团的第二大业务单元。

参考文献

[1]练小川.电影人和出版人互相嫌弃各奔前程?[J].出版人,2021(4):82-85.

[2]王睿.欧美出版业酝酿新一轮并购潮[J].出版人,2020(12):68-69.

[3]何柏.西蒙与舒斯特最终卖给了企鹅兰登[J].出版人,2020(12):67.

[4]赵依雪,雒文佳.企鹅兰登:多项措施保证出版工作正常进行[N].国际出版周报,2020-04-20(007).

[5]李清越.美国有声书历史发展途径及对我国的启示[J].视听,2020(2):183-185.

[6]王睿.贝塔斯曼全资收购企鹅兰登[J].出版人,2020(1):88-89.

[7]刘火雄."企鹅"文学类图书封面设计与装帧创意考察[J].中国出版,2019(23):22-28.

[8]王莹.国际出版集团数字化转型期商业模式剖析——以培生集团、励讯集团和企鹅兰登书屋为例[J].传播与版权,2019(4):80-83.

[9]张建凤,曾婉.出版社主导模式下的有声书发展策略——以企鹅兰登出版社为例[J].出版广角,2018(24):23-26.

[10]李琼."企鹅中国"的本土化策略研究[D].保定:河北大学,2018.

[11]许惟一,窦元娜.贝塔斯曼:"并购大亨"的全球视野与战略布局[N].国际出版周报,2018-02-05(006).

[12]赵秋慧,张远溪.浅析国际数字出版营销现状——以企鹅兰登书屋为例[J].科技传播,2016,8(11):4,15.

[13]练小川.培生教育集团转型简史[J].中国出版史研究,2016(2):112-124.

[14]莫林虎.培生为什么要剥离财经媒体资产[N].中国新闻出版广电报,2015-08-31(007).

[15]莫林虎.欧美出版企业如何进行品牌传播[N].中国新闻出版报,2015-05-04(006).

[16]刘俏.自助出版平台社区研究——以企鹅集团图书国社区为例[J].长江大学学报(社科版),2014,37(4):199-201.

[17]企鹅经典丛书·精装版(第一辑)[J].书城,2014(2):129.

[18]出版名家——贝内特·瑟夫[J].现代出版,2014(1):2.

[19]渠竞帆.企鹅兰登书屋的新谋略[N].中国出版传媒商报,2013-10-22(010).

[20]凯旋.企鹅兰登书屋的数字化转型[N].中国出版传媒商报,2013-08-27(006).

[21]蒋波.企鹅与兰登昔日霸主的强强联合[J].国家人文历史,2013(16):87-91.

[22]出版名家——艾伦·莱恩[J].现代出版,2012(6):2.

[23]练小川."兰登"+"企鹅"的幽默[J].出版参考,2012(33):42.

[24]Company History [EB/OL].[2021-04-05].https://global.penguinrandomhouse.com/company-history/.

[25]哈米什·汉密尔顿出版社[EB/OL].[2021-04-03].http://www.dajianet.com/world/2011/0425/154138.shtml.